易经异文释

[清] 李富孙 著

吴辛丑 整理

中山大学出版社
·广州·

版权所有　翻印必究

图书在版编目（CIP）数据

易经异文释/〔清〕李富孙著；吴辛丑整理. —广州：中山大学出版社，2020.9
ISBN 978-7-306-07012-8

Ⅰ.①易… Ⅱ.①李… ②吴… Ⅲ.①《周易》—研究 Ⅳ.①B221.5

中国版本图书馆 CIP 数据核字（2020）第 206732 号

出 版 人：王天琪
责任编辑：裴大泉
封面设计：林绵华
责任校对：赵　婷　佟　新
责任技编：何雅涛
出版发行：中山大学出版社
电　　话：编辑部 020-84110771，84113349，84111997，84110779
　　　　　发行部 020-84111998，84111981，84111160
地　　址：广州市新港西路 135 号
邮　　编：510275　传　真：020-84036565
网　　址：http://www.zsup.com.cn　E-mail: zdcbs@mail.sysu.edu.cn
印 刷 者：佛山市浩文彩色印刷有限公司
规　　格：787mm×1092mm　1/16　14.5 印张　311 千字
版次印次：2020 年 9 月第 1 版　2020 年 9 月第 1 次印刷
定　　价：66.00 元

如发现本书因印装质量影响阅读，请与出版社发行部联系调换

整理说明

本书据凤凰出版社（原江苏古籍出版社）2005年重印《清经解 清经解续编》所收《易经异文释》进行整理。

李富孙《易经异文释》又称《周易异文释》，完成于清道光元年（1821），在李氏生前没有印行，光绪年间王先谦编《皇清经解续编》始将其收入。《皇清经解续编》于光绪十四年（1888）由南菁书院刻印行世，第二年上海蜚英馆又据南菁书院刻本出版石印缩本。凤凰出版社重印本即据蜚英馆本《皇清经解续编》放大影印。《续修四库全书》《易学丛书续编》《大易类聚初集》等所收《易经异文释》均为南菁书院刻本。

本书正文用简体字排印，但因该书内容以辨析"异文"为主，需要保留部分古体字和异体字，如"艸"与"草"、"繋"与"係"之类，以方便理解。

原书《周易》经文与解释性文字连排，不分段，今将《周易》原文单列一行作为标目，异文引述另起一行，"案"字之后为李富孙所作解释，亦另起一行，以清眉目。原书夹注用双行小字排，注中又有注，今统一采用括注形式。

原书分六卷，没有目录，不便检索，今依《周易》经传顺序新编条目检索表置于卷首，另将书中被释词语提取出来按音序制成"词语索引"附于卷末。读者借由条目表和词语表亦可概略了解《易经异文释》的解释对象与内容。

原书无序跋，今将《清儒学案》所收李富孙《七经异文释自序》移置于此，以供读者了解李氏取材范围与撰述旨趣。

书末"词语索引"由阮丽珍同志协助完成，在定稿阶段又承张学澜同志据华南师范大学图书馆所藏上海蜚英馆石印缩本《易经异文释》将正文复核一遍，在此一并志谢。

书中僻异之字特多，虽经反复校对，亦难免疏失，欢迎读者批评指正。

吴辛丑

2020 年 8 月 19 日

《七经异文释》自序

李富孙

经自秦燔后，往圣之微言奥旨，澌灭无存。汉兴，幸有得于屋壁所藏，民间所献，老生所口授，诸儒抱残守缺，斤斤以名其家。故《易》有施孟、梁丘、京氏之学；《书》则欧阳、大小夏侯为今文，孔安国为古文；《诗》有齐、鲁、韩、毛四家；《礼》则有二戴、刘歆；《春秋》有左氏、公、榖三《传》。弟子各守师说，人殊其谊，亦经异其文。兹非有意乖违，其家法授受然也。许叔重《说文解字》称《易》孟氏，《书》孔氏，《诗》毛氏，《春秋》左氏，然颇杂采诸家，故所引经文，一字间有互异。郑康成、范宁、何休、郭璞辈所注，其引诸经亦有不同。盖汉人去古未远，六书为小学，说字解经，罔弗洞究根原。传经者率本六书意谊，或从古文，或从假借，或以声近，或用省文，加以南北语殊，轻重差别，故有字随读变，义因文异。后人不知古训，妄为臆改，而古人之经谊几不可通矣。唐陆德明撰《经典释文》，诸家异同，采撷略备，然第及诸经训诂之说，未尝于经典外广为搜辑。富孙少而不学，长稍涉六经，见汉晋诸儒之解诂各有师承，其与经文异者，不仅《释文》所载，自经传笺注及子史金石所引，往往与今文不同。循诵之暇，悉为缀缉，诠释其义，兼采后儒之说，旁通曲证，使天下穷经者，不至以古经之异文，反訾为纷歧缪误。而诸儒之家法同异，与夫古谊之仅存于今者，庶几博综条贯，廓所传习。刘歆尝谓汉时广立经文，义虽相反，犹并置之，则穷经之士，不专为一师之学者，其或亦有取于此书也夫。

目　　录

整理说明 ………………………………………………… 1
《七经异文释》自序（李富孙）……………………… 1

易经异文释一

夕惕若厉 ………………………………………………… 1
飞龙在天 ………………………………………………… 1
亢龙有悔 ………………………………………………… 2
反复道也 ………………………………………………… 2
大人造也 ………………………………………………… 2
善之长也 ………………………………………………… 3
君子体仁足以长人 ……………………………………… 3
利物足以和义 …………………………………………… 3
不成乎名 ………………………………………………… 4
确乎其不可拔 …………………………………………… 4
可与几也 ………………………………………………… 5
圣人作而万物睹 ………………………………………… 5
贵而无位 ………………………………………………… 6

穷之灾也	6
乾始能以美利利天下	6
六爻发挥	7
问以辩之	7
与日月合其明	7
与四时合其序	8
其唯圣人乎	8

（以上乾卦）

坤	8
德合无疆	9
乃终有庆	9
地势坤	9
履霜	10
履霜坚冰阴始凝也	10
臣弑其君	10
由辩之不早辩也	11
盖言顺也	11
阴疑于阳必战	12
为其嫌于无阳也	12

（以上坤卦）

动乎险中	13
雷雨之动满盈	13
天造草昧	14

目录

君子以经纶	14
磐桓	14
屯如邅如	15
乘马班如	16
匪寇婚媾	16
即鹿无虞	17
君子幾	17
泣血涟如	17

（以上屯卦）

匪我求童蒙	18
再三渎	18
童蒙求我	19
以往吝	19
包蒙	20
勿用取女	20
顺以巽也	21
击蒙	21
利御寇	22

（以上蒙卦）

需有孚	22
位乎天位	22
云上于天	23
需于沙	23

致寇至	24

（以上需卦）

有孚窒	24
患至掇也	24
或锡之鞶带	25
终朝三褫之	25

（以上讼卦）

丈人吉	25
否臧凶	26
王三锡命	26
承天宠也	26
田有禽	27

（以上师卦）

有他吉	27
比之匪人	28
王用三驱	28
邑人不诫	28

（以上比卦）

小畜	28
舆说辐	29
血去惕出	30
有孚挛如	30
尚德载	31

目录

月幾望 …………………………………… 31

（以上小畜卦）

不咥人 …………………………………… 32

履帝位而不疚 …………………………… 32

跛能履 …………………………………… 33

愬愬终吉 ………………………………… 33

视履考祥 ………………………………… 33

（以上履卦）

后以财成天地之道 ……………………… 34

以其彙 …………………………………… 34

征吉 ……………………………………… 35

包荒 ……………………………………… 35

无平不陂 ………………………………… 36

勿恤 ……………………………………… 36

象曰无往不复 …………………………… 36

六四翩翩 ………………………………… 37

城复于隍 ………………………………… 37

（以上泰卦）

不可荣以禄 ……………………………… 37

畴离祉 …………………………………… 38

（以上否卦）

5

易经异文释二 ………………………………………… 39

 乘其墉 ……………………………………………… 39

          （以上同人卦）

 大车以载 …………………………………………… 39

 公用亨于天子 ……………………………………… 40

 匪其彭 ……………………………………………… 41

 明辩晢也 …………………………………………… 41

          （以上大有卦）

 谦 …………………………………………………… 42

 天道亏盈而益谦 …………………………………… 42

 鬼神害盈而福谦 …………………………………… 43

 君子以裒多益寡 …………………………………… 43

 扐谦 ………………………………………………… 43

 利用侵伐 …………………………………………… 44

          （以上谦卦）

 而四时不忒 ………………………………………… 44

 殷荐之上帝以配祖考 ……………………………… 44

 介于石 ……………………………………………… 45

 盱豫 ………………………………………………… 45

 由豫 ………………………………………………… 46

 朋盍簪 ……………………………………………… 46

 冥豫 ………………………………………………… 47

          （以上豫卦）

大亨贞 …………………………………… 47

而天下随时随时之义大矣哉 …………… 47

君子以嚮晦入宴息 ……………………… 48

官有渝 …………………………………… 48

位正中也 ………………………………… 48

（以上随卦）

君子以振民育德 ………………………… 49

（以上蛊卦）

位当也 …………………………………… 49

（以上临卦）

盥而不荐 ………………………………… 49

观天之神道 ……………………………… 50

阚观 ……………………………………… 50

尚宾也 …………………………………… 50

（以上观卦）

雷电噬嗑 ………………………………… 50

先王以明罚勅法 ………………………… 51

屦校灭趾 ………………………………… 52

不行也 …………………………………… 52

噬干肺 …………………………………… 52

何校灭耳 ………………………………… 53

（以上噬嗑卦）

贲 ………………………………………… 53

君子以明庶政 …………………………………… 54

义弗乘也 ……………………………………… 54

贲如须如 ……………………………………… 54

贲如皤如 ……………………………………… 55

贲于丘园束帛戋戋 …………………………… 55

（以上贲卦）

蔑贞凶 ………………………………………… 56

剥之无咎 ……………………………………… 56

剥床以肤 ……………………………………… 56

（以上剥卦）

朋来 …………………………………………… 57

无祗悔 ………………………………………… 57

频复 …………………………………………… 58

有灾眚 ………………………………………… 58

（以上复卦）

无妄 …………………………………………… 58

天命不祐 ……………………………………… 59

（以上无妄卦）

笃实辉光日新其德 …………………………… 59

能止健 ………………………………………… 60

君子以多识前言往行 ………………………… 60

良马逐 ………………………………………… 61

曰闲舆卫 ……………………………………… 61

童牛之牿 …………………………………………… 61
豶豕之牙 …………………………………………… 62
　　　　　　　　　　　　　（以上大畜卦）
观我朵颐 …………………………………………… 62
颠颐拂经 …………………………………………… 63
虎视眈眈 …………………………………………… 63
其欲逐逐 …………………………………………… 64
　　　　　　　　　　　　　（以上颐卦）
本末弱也 …………………………………………… 64
遯世无闷 …………………………………………… 65
枯杨生稊 …………………………………………… 65
　　　　　　　　　　　　　（以上大过卦）
习坎 ………………………………………………… 66
天险不可升也 ……………………………………… 66
王公设险以守其国 ………………………………… 67
水洊至 ……………………………………………… 67
险且枕 ……………………………………………… 67
樽酒 ………………………………………………… 68
纳约自牖 …………………………………………… 68
樽酒簋贰 …………………………………………… 69
祇既平 ……………………………………………… 69
系用徽纆寘于丛棘 ………………………………… 70
　　　　　　　　　　　　　（以上坎卦）

百谷草木丽乎土 …………………………………… 71

日昃之离 ……………………………………………… 71

不鼓缶而歌则大耋之嗟凶 …………………………… 72

突如其来如 …………………………………………… 72

出涕沱若戚嗟若 ……………………………………… 73

离王公也 ……………………………………………… 74

以正邦也 ……………………………………………… 74

（以上离卦）

易经异文释三 …………………………………… 75

咸其拇 ………………………………………………… 75

咸其腓 ………………………………………………… 75

憧憧往来 ……………………………………………… 76

咸其脢 ………………………………………………… 76

咸其辅颊舌 …………………………………………… 76

滕口说也 ……………………………………………… 77

（以上咸卦）

浚恒 …………………………………………………… 77

或承之羞 ……………………………………………… 78

恒其德贞 ……………………………………………… 78

振恒 …………………………………………………… 78

（以上恒卦）

有疾惫也 ……………………………………………… 79

肥遯 …………………………………… 79

(以上遯卦)

羸其角 …………………………………… 80

丧羊于易 …………………………………… 80

(以上大壮卦)

晋 …………………………………… 81

康侯用锡马蕃庶 …………………………………… 81

昼日三接 …………………………………… 82

君子以自昭明德 …………………………………… 82

晋如摧如 …………………………………… 83

罔孚 …………………………………… 83

受兹介福 …………………………………… 83

晋如鼫鼠 …………………………………… 83

失得勿恤 …………………………………… 84

(以上晋卦)

文王以之 …………………………………… 84

夷于左股 …………………………………… 85

用拯马壮 …………………………………… 85

明夷于南狩 …………………………………… 86

箕子之明夷 …………………………………… 87

(以上明夷卦)

无攸遂在中馈 …………………………………… 87

家人嗃嗃 …………………………………… 88

妇子嘻嘻 …………………………………… 88

（以上家人卦）

遇主于巷 …………………………………… 88
其牛掣 ……………………………………… 89
其人天且劓 ………………………………… 89
后说之弧 …………………………………… 90

（以上睽卦）

蹇 …………………………………………… 90
以正邦也 …………………………………… 91
宜待也 ……………………………………… 92
往蹇来连 …………………………………… 92

（以上蹇卦）

雷雨作而百果草本皆甲坼 ………………… 92
君子以赦过宥罪 …………………………… 93
君子维有解 ………………………………… 93

（以上解卦）

二簋可用亨 ………………………………… 94
君子以惩忿窒欲 …………………………… 94
已事遄往 …………………………………… 95

（以上损卦）

告公用圭 …………………………………… 95
偏辞也 ……………………………………… 96

（以上益卦）

惕号	96
壮于頄	96
其行次且牵羊悔亡	97
苋陆	98

（以上夬卦）

姤	98
后以施命诰四方	99
系于金柅	100
羸豕孚蹢躅	100
包有鱼	101
以杞包瓜	101
有陨自天	102

（以上姤卦）

易经异文释四 ········· 103

萃亨	103
聚以正也	103
君子以除戎器	104
一握为笑	104
孚乃利用禴	104
赍咨涕洟	105

（以上萃卦）

| 升 | 105 |

用见大人 …………………………………… 105

君子以顺德积小以高大 ………………… 106

允升 ………………………………………… 106

（以上升卦）

刚掩也 ……………………………………… 107

朱绂方来 …………………………………… 107

据于蒺藜 …………………………………… 107

来徐徐 ……………………………………… 108

劓刖 ………………………………………… 108

利用祭祀 …………………………………… 109

困于葛藟于臲卼 …………………………… 109

（以上困卦）

羸其瓶是以凶也 …………………………… 110

井谷射鲋 …………………………………… 110

瓮敝漏 ……………………………………… 110

井渫不食可用汲 …………………………… 111

井收勿幕 …………………………………… 111

（以上井卦）

水火相息 …………………………………… 112

其文蔚也 …………………………………… 112

（以上革卦）

亨饪也 ……………………………………… 112

君子以正位凝命 …………………………… 113

其形渥 …………………………………… 113

(以上鼎卦)

笑言哑哑 …………………………………… 114

亿丧贝 …………………………………… 114

跻于九陵 …………………………………… 114

震遂泥 …………………………………… 115

(以上震卦)

未退听也 …………………………………… 115

列其夤厉熏心 …………………………………… 115

言有序 …………………………………… 116

(以上艮卦)

善俗 …………………………………… 116

妇孕不育 …………………………………… 117

(以上渐卦)

所归妹也 …………………………………… 117

君子以永终知敝 …………………………………… 117

女承筐无实 …………………………………… 118

(以上归妹卦)

日中则昃 …………………………………… 118

月盈则食 …………………………………… 118

遇其配主 …………………………………… 119

虽旬无咎 …………………………………… 119

丰其蔀 …………………………………… 120

日中见斗 ··· 120

丰其沛 ··· 120

日中见沬 ··· 121

折其右肱 ··· 121

丰其屋 ··· 121

阒其无人 ··· 122

天际翔也 ··· 122

自藏也 ··· 123

（以上丰卦）

旅琐琐 ··· 123

得其资斧 ··· 123

旅人先笑后号咷 ··· 124

其义焚也 ··· 124

（以上旅卦）

巽 ··· 125

（以上巽卦）

涣有丘匪夷所思 ··· 125

（以上涣卦）

豚鱼 ··· 125

鸣鹤在阴 ··· 126

吾与尔靡之 ··· 126

（以上中孚卦）

妇丧其茀 ··· 126

繻有衣袽 ····· 127

(以上既济卦)

小狐汔济濡其尾 ····· 128

(以上未济卦)

易经异文释五 ····· 129

天尊地卑 ····· 129
刚柔相摩 ····· 129
八卦相荡 ····· 130
鼓之以雷霆 ····· 130
日月运行 ····· 130
乾知大始 ····· 131
坤作成物 ····· 131
坤以简能 ····· 131
而天下之理得矣 ····· 131
刚柔者昼夜之象也 ····· 132
易之序也 ····· 132
所乐而玩者 ····· 132
言乎其小疵也 ····· 133
弥纶天地之道 ····· 133
俯以察于地理 ····· 133
原始反终 ····· 133
而道济天下 ····· 134

旁行而不流 …………………………………………… 134

范围天地之化 ………………………………………… 134

君子之道鲜矣 ………………………………………… 135

藏诸用 ………………………………………………… 135

成象之谓乾 …………………………………………… 135

效法之谓坤 …………………………………………… 136

其静也专 ……………………………………………… 136

其静也翕 ……………………………………………… 136

知崇礼卑 ……………………………………………… 137

圣人有以见天下之赜 ………………………………… 137

以行其典礼 …………………………………………… 138

而不可恶也 …………………………………………… 138

言天下之至动 ………………………………………… 139

议之而后动 …………………………………………… 139

荣辱之主也 …………………………………………… 139

或默或语 ……………………………………………… 140

二人同心 ……………………………………………… 140

苟错诸地而可矣 ……………………………………… 140

有功而不德 …………………………………………… 140

则言语以为阶 ………………………………………… 141

幾事不密 ……………………………………………… 141

作易者 ………………………………………………… 141

上慢下暴 ……………………………………………… 142

慢藏诲盗	142
冶容诲淫	142
故再扐而后挂	143
天数二十有五	143
乾之策	144
当期之日	144
引而伸之	144
是故可与酬酢	145
易有圣人之道四焉	145
以言者尚其辞	146
其受命也如响	146
参伍以变	146
遂成天地之文	147
而察于民之故	147
圣人之所以极深而研幾也	147
夫易开物成务	147
圆而神	148
易以贡	148
圣人以此洗心	148
而不杀者夫	149
阖户谓之坤	149
成天下之亹亹者	149
莫大乎蓍龟	150

圣人象之 ·· 151

洛出书 ··· 151

天之所助者顺也 ······································· 152

又以尚贤也 ·· 152

乾坤其易之缊邪 ······································· 152

默而成之 ··· 152

（以上系辞上）

易经异文释六 ··· 154

贞胜者也 ··· 154

隤然示人简矣 ··· 154

像此者也 ··· 154

圣人之大宝曰位 ······································ 155

何以守位曰仁 ··· 155

古者包牺氏之王天下也 ····························· 156

仰则观象于天 ··· 158

而为罔罟 ··· 158

以佃以渔 ··· 158

揉木为耒 ··· 159

耒耨之利 ··· 159

刳木为舟剡木为楫 ··································· 159

致远以利天下 ··· 160

服牛乘马 ··· 160

重门击柝以待暴客	161
掘地为臼	162
以待风雨	162
葬之中野	162
不封不树丧期无数	162
后世圣人易之以书契	163
百官以治万民以察	163
阳一君而二民	163
一致而百虑	164
尺蠖之屈	164
龙蛇之蛰	164
以存身也	165
死期将至	165
不见利不劝	165
知小而谋大	165
力小而任重	166
覆公餗	166
吉之先见者也	167
天地絪缊万物化醇	167
男女构精	168
其易之门邪	168
杂而不越	168
因贰以济民行	168

德之修也	169
为道也屡迁	169
初率其辞	169
若夫杂物撰德	170
兼三才而两之	170
能研诸侯之虑	171

（以上系辞下）

幽赞于神明	171
参天两地而倚数	171
故易六位而成章	172
天地定位	172
日以烜之	172
妙万物而为言者也	173
莫熯乎火	173
故水火相逮雷风不相悖	174
坎为豕	174
为瘠马	174
为龙	175
为鹫	175
为苍筤竹	176
为萑苇	176
为彝足	177
为的颡	177

为反生……………………………………………… 177

为工………………………………………………… 178

为臭………………………………………………… 178

为寡发……………………………………………… 178

为广颡……………………………………………… 179

为矫輮……………………………………………… 179

为弓轮……………………………………………… 180

为亟心……………………………………………… 180

为乾卦……………………………………………… 180

为蠃………………………………………………… 181

为蚌………………………………………………… 181

为科上槁…………………………………………… 181

为果蓏……………………………………………… 182

为阍寺……………………………………………… 182

为指………………………………………………… 182

为狗………………………………………………… 182

为黔喙之属………………………………………… 183

为羊………………………………………………… 183

（以上说卦）

物之稺也…………………………………………… 184

剥穷上反下………………………………………… 184

物不可以久居其所………………………………… 184

伤于外者必反其家………………………………… 184

物不可以终动止之…………………………………………… 185

(以上序卦)

盛衰之始也………………………………………………… 185

谦轻而豫怠也……………………………………………… 185

食也………………………………………………………… 186

兑见而巽伏也……………………………………………… 186

则饬也……………………………………………………… 186

众也………………………………………………………… 187

小人道忧也………………………………………………… 187

(以上杂卦)

词语索引………………………………………………… 188

易经异文释一

嘉兴李富孙芗沚 著

夕惕若厉

《说文》夕部引作"若夤",云"敬惕也"。(晁氏说之古《易》引同。)骨部仍引作"厉"。

案:许君称"《易》孟氏,《书》孔氏,《诗》毛氏,《春秋》左氏,皆古文",然往往杂采诸家本,故前后所引亦有不同。(惠氏栋《周易述》改作"若夤厉",全书多有据他书所引擅易经文,不免专辄之病。)钱氏大昕曰:"《说文》有同称一经而文异者,盖汉儒虽同习一家而师读相承,文字不无互异。如《周礼》,杜子春、郑大夫、郑司农三家与故书读法各异,而文字因以改变,此其证也。"(段氏玉裁《说文》注本,"夤"字仍改作"厉",云汉人引《易》"夕惕若厉",不暇枚举,此引者说从夕之意也。学者往往误会,于是改"厉"为"夤"。)

飞龙在天

《史记·孝武纪》云:"乾称蜚龙。"《封禅书》同。

案:《说文》云:"蠭,臭虫负蠜也,或作蜚。"《殷本纪》:

"蜚鸿满野。"《正义》曰:"蜚,古飞字。"(《汉书·宣帝纪》《五行志》师古注并同。)《孟子》"飞廉",《秦本纪》作"蜚"。《史》《汉》"飞"字多用"蜚"。《索隐》曰:"蜚亦飞字。"《韩勑后碑》云:"蜚于仓天。"是汉时相承,并假"蜚"为"飞"矣。(《广韵》云:"飞,古通用蜚。")

亢龙有悔

《说文》心部引作"忼龙",云"忼慨也"。《汉书·王莽传》作"炕龙"。(服虔注仍引作"亢"。)

案:古字同音即通借用之。《五行志》云"炕阳失众",亦与"亢"通。段氏曰:"许君作'忼',为孟氏《易》。忼之本义为'忼慨'。《易》则假忼为亢。亢,高也。是亢为正字,忼叚借字。"

反复道也

《释文》云:"复,本亦作覆。"(《复》"反复其道",《释文》:"本又作覆。")《白虎通·天地》引作"覆"。

案:《说文》云:"复,往来也。""覆,覂也。"覂,本谓反复也,古字通。

大人造也

《释文》云:"造,刘歆父子作'聚'。"

案:《汉书·刘向传》引作"聚",云:"贤人在上位,则引其类而聚之于朝。"是文义并异。师古注曰："言圣王临驭万方，则贤人君子皆来见也。"此即姚信、陆绩等以"造"为"造至"之说，未合"聚"字义。（何氏焯曰："飞龙以喻贤人。"颜注亦非向引《易》本意。）钱氏曰："聚、造，声相近。"（古书声相近之字，即假借通用。）

善之长也

《左氏》襄九年传作"体之"。（下文"嘉会"作"嘉德"。）

案：夫子言"述而不作"，此言"四德"即述穆姜之语，惟"体"字、"德"字为异。然昭十二年传子服、惠伯所称，亦作"善之长"，是亦古相传之文也。《左氏》疏云："与《易文言》唯二字异耳，其意亦不异也。元是体之长，以善为体，知亦善之长也。身有美德，动与礼合，嘉德足以合礼也。"朱氏震曰："以今考之，则古有是言矣。"

君子体仁足以长人

《释文》云："京房、荀爽、董遇本作'体信'。"

案：《说文》"信"古文作"䚱"，与"仁"字形相似，故易淆尔。

利物足以和义

《释文》云："孟喜、京、荀、陆绩作'利之'。"

案：王弼传、费直本、孟、京诸家作"利之"，义亦通。

不成乎名

《释文》作"不成名",云"一本作'不成乎名'"。

案:《正义》云"不成就于令名",当亦有"乎"字。唐石经、岳氏珂本并同。汉刘向典校书,言:"施、孟、梁邱三家或脱'无咎'、'悔亡',唯费氏经与古文同。"今《释文》与《正义》本字句互有脱衍。惠氏《古义》举数条,谓当从定本。其余增省异处尚多,并李鼎祚本及晁氏《易》所引,亦有不同。无甚关于经义者,不复备释。(惠氏校李氏《集解》作"不易世不成名"。明朱氏睦㮮依宋本并有"乎"字。惠氏所校每多改易旧本,未可尽据。虞翻《系辞》注二语无"乎"字,然虞所称《易》文,往往有删语助字。)

确乎其不可拔

《释文》云:"确,《说文》云高至。"(《系辞》"夫乾确然",《说文》冂部引作"寉然"。郑氏《易赞》引同。)

案:《说文》云:"确,磐石也。"(段氏本删"石"字。)徐铉以为今俗之'确'字。《玉篇》云:"确,亦作塙,土坚不可拔,又碻同。"[《众经音义》(十)云:"确,字书作碻。"又(十三)云:"《埤苍》作塙,同。"]然《说文》引《系辞》作"寉"。此依《释文》所称,注义当亦作"寉"。今作"确",转写者误加偏傍耳。(《尔雅·释诂》"硈"邢疏引以为此"确"字。钱氏曰:"《说文》'塙',即'确乎其不可拔'之

'碻'。")惠氏曰:"王弼《易》多俗字,碻皆当从《说文》作崔或作礄。见《郑烈碑》。"[富孙按:碑云:"秉礄然之大节。"当亦为隶变字。《众经音义》(廿四)引《广雅》云:"礄,坚也。"]段氏曰:"《释文》所引是陆所据《易》,二字皆作崔,而今本俗误也。许意崔训高至,礄训坚不可拔。"《文言》字作崔而义从礄,《系辞》乃义如其字。今俗作碻,乃确字之变耳。(陆氏《系辞》不云《说文》作崔,盖《释文》固作崔。然浅人改为从石。许书有确无碻。)

可与几也

李鼎祚《集解》本、山井鼎《考文》引足利学古本、足利本"与"下并有"言"字。

案:崔憬云:"可与言微也。"则崔本有"言"字。山井鼎所称往往与古书合,当为旧本之遗。惟经文语助字与今本多寡甚伙,其有舛异,不足据,兹不复引。(爻辞"或跃在渊",足利古本"或"作"惑",《象》《文言》同。"惑"与"或"字虽通,当是臆改。)阮中丞师曰:"此言字与李氏《集解》及孔《疏》合,《疏》中共论二字,正释言字也。"

圣人作而万物睹

《释文》云:"作,马融作起。郑云:作,起也。"

案:《说文》"作"亦训"起",字异而义同。

贵而无位

《汉·五行志》引此三句"无"皆作"亡"。(《蛊》"考无咎",《丰》"折其右肱,无咎",并引作"亡"。)

案:《说文》云:"霖,亡也;无,奇字霖。(宋本作"无",《释文》引有"也"字。)通于元者,("元"字依宋本,旧作"无",误。)虚无道也。"今俗霖皆作无,乃霖之隶变。(《说文》:霖,丰也。此蕃霖字。)《周易》从奇字作"无"。《史》《汉》多借"亡"为"無"字。

穷之灾也

晁氏《易》云:"之,郑作志。"(惠氏郑《易》本作,《释文》误。)

案:古经文字因篆隶转写讹变,多以形声相似而异。"志"与"之",亦声之转。

乾始能以美利利天下

晁氏《易》云:"能,郑作而。"(《屯》"宜建侯而不宁",《释文》:"郑读而曰能。"《履》"眇能视,跛能履",《集解》引虞说,"能"皆作"而"。《归妹》"跛能履,眇能视"并同。)

案:《礼运》注云:"耐,古能字。(《乐记》注同)传书世异,古字时有存者,则亦有今误矣。"《正义》曰:"古之能字,皆作耐字。后世耐悉作能。今书虽存古字为耐,亦有误不安

'寸',直作而字。《易·彖》:利建侯而不宁。及刘向《说苑》,能字皆为而也。"是因以致异,故"而"与"能"恒相杂。《吕览》(不屈士容)、《淮南·原道》注云:"而,能也。"亦以音近而通。段氏曰:"古音能与而同。假而为能,亦假耐为能。"

六爻发挥

《释文》云:"挥,本亦作辉,义取光辉。"

案:辉、挥音同。《文选》王粲《从军诗》"良苗实已挥"注云:"挥当为辉。"古同音字多假借通用。诸家各承师读,而义亦因文而异。

问以辩之

明闽本、监本"辩"作"辨"。

案:《释文》、唐石经、宋本、岳氏本并作"辩"。(《同人》"君子以类族辩物"、《系辞》"辩物正言",石经皆作"辨"。《未济》"辨物",汉《孔彪碑》作"辩"。)《说文》:"辨,判也。""辩,治也,从言在辡之间。"治者,理也。二字义别。今经传转写多乱之。(《集解》朱氏本经内并作"辩"。)卢氏文弨曰:"此似当作辨,然经典每通用。"

与日月合其明

《后汉·邓骘传》注引作"齐其明"。

案:经文上下皆言"合",此引作"齐",或为字之讹。

7

与四时合其序

《论衡·感虚》引作"其叙"。

案:《说文》云:"叙,次弟也。""序,东西墙也。"是"叙"为本字,经传亦多叚"序"为"叙"也。

其唯圣人乎

《释文》云:"王肃本作'愚人',后结始作'圣人'。"

案:王弼本作"圣人",《正义》以此句属下读。王肃作"愚人",是以此句属上读,义并通。

坤

《释文》云:"坤,本又作巛。巛,今字也。"(卢氏本《释文》从雅雨堂本,坤改作巛,下巛字并改坤。《系辞》"盖取诸乾坤",《后汉·舆服志》引作"乾巛"。)

案:巛字《说文》不录。《隶释·华山庙碑》云"乾巛定位",如此作(《三公山碑》《韩敕后碑》同),则为隶体。《大戴记·保傅》坤字作巛。《诗·采薇·笺》释文云:"坤本亦作巛。"(《左氏》昭廿九年传"其坤曰",《释文》同。)《天作·笺》释文坤作巛,《广雅》亦有巛字。此皆从隶体。《乾凿度》以八卦之画为古文天、地、风、山、坎、火、雷、泽字。是古坤作☷,此即转横画而为巛耳。(毛氏居正曰:"古字乾作☰,坤作巛,各象其卦。陆氏以巛为今字,误。"张氏照曰:"音义当作坤，今字也。陆氏之意盖谓巛古坤字。今书坤者，乃今字也，无以巛为今字之理。"富孙按：《释文》所载经注犹多仍汉隶旧体。《孟郁修尧庙碑》《成阳灵台碑》又作𠔽。毛氏谓巛乃偏傍用字，非是。盖字中断不连，卢本不误。）

德合无疆

《释文》云："疆或作壃。下同。"

案：《说文》云："畺，界也，或作疆。"是"壃"又为俗体。

乃终有庆

《汉书·律历志》"乃"引作"迺"。

案：《说文》云："乃，曳，词之难也。""卤，惊声也，或曰往也。读若仍。"乃隶变作乃，卤今作迺。《诗·绵》、《公刘》篇迺、乃二字并用。《释诂》注云："迺即乃，《史》《汉》多用此字。"（段氏曰："迺与乃音义俱别。《诗》《书》《史》《汉》发语多用迺字，而流俗多改为乃。《释诂》曰：仍、迺、侯，乃也。以乃释迺，则本非一字可知矣。"）

地势坤

《汉书·叙传》云："坤作墬埶"。张晏注引亦作"埶"。

案：《说文》"墬"为籀文"地"字。势字，大徐《新坿》云："经典通用埶字。"盖埶本"埶穜"字，古多通假用之。

履霜

《释文》云:"郑读履为礼。"

案:《序卦》曰:"履者,礼也。"《仲尼燕居》云:"言而履之,礼也。"《释言》:"履,礼也。"二字义同,故古皆通用。郑读"履"为"礼",祭器,云"礼也者,犹体也"。《释名》:"礼,体也。"《说文》云:"霜,丧也。"虞《象》注云:"坤为丧。阴气在初,体霜之象。"

履霜坚冰阴始凝也

《魏志·文帝纪》注引作"初六履霜"。足利本、古本"冰"下有"至"字。

案:《后汉·鲁恭传》引此,与今本同,则许芝所引乃约举传文。郭京本又无"初六"字,更非古本也。(郭京之书甚妄,惠氏尝辨之。)

臣弑其君

《释文》云:"弑或作杀,音同。"

案:《公羊》隐四年传注云:"弑者,杀也。"《左氏》隐四年经释文:"弑本又作杀。"《汉·五行志》注云:"杀亦读曰弑。古字通。"(《公羊》经《释文》又云:"二字从式、从殳,不同。字多乱。")

由辩之不早辩也

《释文》云："辩，荀作变。"（《革》"大人虎变"，晁氏《易》云："京作辩。"）《潜夫论》引同，"早"作"蚤"。

案：《礼运》"大夫死宗庙谓之变"注云："变当为辩。"《孟子》"则不辩礼义而受之"，《音义》引丁云："辩本作变，于义当为辨。二字有别。"《广雅》曰："辩，变也。"（庄子《消摇游》"而御六气之辩"《释文》同。）《楚辞·九辩》注云："辩者变也。"是辩、变义通，荀即随义异字。《尚书》"于变时雍"，汉《孔庙碑》作"于卞"，亦音相近。晁氏云："辩，古文变字。"晁氏之称"古文"，多未可据。早作蚤，古字叚借。惠氏曰："初失位变之，早则无是祸矣。"（此见惠氏《集解》本评注。下条同。）

盖言顺也

《春秋繇露》引作"逊也"。

案：《书》"五品不逊"，《说文》引作"愻"，云"顺也"，伪孔传训同。《诗》"诒厥孙谋"笺云："孙，顺也。"（《释文》："郑音逊。"）《聘礼记》《内则》《学记》《缁衣》注皆同。古多以"孙"为"孙顺"字，后别作"逊"，亦音近义同。惠氏曰："逊犹驯也，驯犹顺也，古文通用。"

阴疑于阳必战

《释文》云："疑，荀、虞、姚信、蜀才作凝。"

案：《诗》"靡所止疑"，王氏《诗考》引齐诗作"止凝"。《正义》云："疑，音凝。"《说文》："凝，水坚也。""疑"读为"凝"，故荀、虞诸家本作"凝"。《中庸》："至道不凝。"《释文》云："凝本又作疑。"盖凝与疑，亦声近形似而易乱耳。（《荀子·解蔽》注："疑或为凝。"）晁氏云："疑，古文凝字。"恐亦非。

为其嫌于无阳也

《释文》云："嫌，郑作溓。"〔此从《音训》，雅雨本、卢本同。惠氏、郑《易》作"慊"，旧本作"谦"，误。《诗·采薇》笺云："十月为阳，时坤用事，嫌于无阳，故以名此月。"《正义》引郑《易》注云"慊"（旧作"嫌"，误。《玉海》作"溓"），读如"群公溓"之溓。（旧并作"慊"，段氏曰："《公羊》文十三年传'群公溓'，旧本疏作'溓'，今作'廪'，误。"）古书篆作立心与水相近，读者失之，故作"慊"。溓，杂也。阴谓此上六也。阳谓今消息用事，乾也。上六为蛇，得乾气杂似龙。彼说坤卦，以上六爻辰在巳为义。巳至四月，故消息为乾，非十月也。且《文言》"慊于无阳"为心边"兼"，郑从水边"兼"，初无嫌字，知与此异。〕荀、虞、陆、董作"嗛"（宋本作"兼"。），《集解》引荀注作"为其兼于阳"（惠校本经文改同)。《汉上易》引郑同。晁氏《易》云："九家作兼。"

案：古本皆作"兼"，或作"慊"。王弼乃改作"嫌"。《说文》云："慊，疑也。"则与"嫌"字后一义同。《坊记》注云："慊或为嫌。"郑读为"溓"，溓，杂也，与"兼"字义略同。《荀子·荣辱》注云："嗛与慊同。"诸家皆以字形相似而异。《九家易》云："阴阳合居，故曰兼。"（旧作"嫌"，误。）《汉上》引郑无"无"字，绎其义正合。（惠氏《易述》作"兼于阳"，云："荀、郑、虞、陆、董皆同。"）

动乎险中

汉《刘修碑》作"俭中"。(《否·象》"君子以俭德避难"，《集解》引虞云："俭或作险。"《后汉·李膺传》注引作"险德"。)

案：《左氏》襄廿九年传"险而易行"杜注云："险当为俭字之误也。"《汉·地理志》云："鲁地俗险啬义亦作俭。"是古二字多通假用之，然以偏旁相涉，亦易淆耳。

雷雨之动满盈

《集解》引荀虞说，"盈"作"形"（惠校本经文亦改作形）。

案：形、盈，声之转，义亦通。（惠氏曰："形，俗讹盈。盈、满同义。'满'下不合叠'盈'字。"）

天造草昧

《汉书·叙传》作"中昧"。

案:《说文》云:"屮,草木初生也。古文或以为草字。读若彻。""艸,百草也。""草,草斗栎实也。"是艸为草木字。《汉书》多从古文作"屮"。今经典皆通作"草",非是。

君子以经纶

《释文》作"论",云:"郑如字,谓论撰《礼》、《乐》、《诗》、《书》、施政事。"黄颖云:"经论,匡济也,本亦作纶。"《正义》云:"刘表、郑元以'纶'为'论'字。"

案:纶、论,并从"仑"声。《说文》:"仑,理也。"字以同音相乱。《论语》疏云:"论者,纶也,轮也,理也,次也,撰也。"是论字义眩定本,作论为长。(荀读"论"为"伦"。)晁氏曰:"经,常也。论,理也。直作纶,非。"段氏曰:"凡言语循其理得其宜谓之论。《易》君子以经论、《中庸》经论天下之大经,皆谓言之有伦有脊者。"(富孙按:《中庸》注云:"大经谓六艺而指《春秋》也。"是亦依经论解《释文》。论,本又作纶。)

磐桓

《释文》云:"磐,本亦作盘,又作槃。"《尔雅·释言》释文引作"般桓"。(《渐》"鸿渐于磐",《史记·武帝纪》《封禅书》、《汉·郊祀志》并作"于般"。)《集解》本作"盤"。《后汉·种岱传》作"槃桓",注引同。

案:《说文》"槃",籀文作"盤"。《汉·文帝纪》云:"盤,石之宗。"此通为磐字。《礼记·投壶》曰:"宾再拜受,主人般还,曰辟。"《释言》曰:"般,还也。"马云:"槃桓,旋也。"荀云:"盤桓者,动而退也。"此般之本义。《书·盘庚》、《左氏传》(庄十四年、襄九年)、《书大传》皆作"般"。"有若甘盤",《燕世家》亦作"般"。《释水》"钩盤",《释文》云:"般,李本作股。"(《说文》:"般,古文作舨。")汉《张纳碑》云"股桓弗就",《仲秋下旬碑》亦作"股桓"。是般为古文(晁氏云:"古文作般。")股,隶省;盤,通用字;盤,借字。惠氏曰:"古盤字皆作般,与股同。此与《渐》六二磐字皆当作盤。"

屯如邅如

《说文》马部引作"乘马驙如"。《释文》作"亶",云"亦作邅"。(此据宋本补,吕氏《音训》引同。)《汉书·叙传》注引作"亶如"。

案:《说文》云:"駗,马载重难行也。""驙,駗驙也。"此屯、亶之异文,当为孟易"乘马"二字偶涉误下句耳。(惠氏《易述》改作下句。)班固《幽通赋》云:"纷屯亶与蹇连兮。"师古注引《易》同。是旧本如此。(《后魏书》比干墓文亦作"屯亶"。《集韵》云:"屯亶,难行不进貌。")今作邅,俗字。

臧氏琳曰："《说文》无邅字。走部：趁，趨也；趨，趁也；邅如字当作驙。许义与融说合，则马亦当作驙。盖古驙借作趨字，邅以偏旁相近而误也。"段氏曰："俗本作邅，叶林宗抄宋版《释文》、吕氏《音训》皆作亶，不误。许所据《易》，盖上句作'驸如驙如'，'乘马'字当为误文。"（又《说文》"趁趨"即《易》"屯如亶如"。）

乘马班如

《释文》云："班，郑本作般。"

案：《春秋》僖七年"曹伯班"，《公羊》作"般"。《左氏》僖廿八年传"宋门尹般"，《晋语》作"班"。襄十八年传"有班马之声"，哀廿四年传"役将班矣"，《释言》注、《释文》并引作"般"。《说文》云："般，辟也，象舟之旋。"《广雅》云："班，赋布也。"《子夏传》、马、虞、王肃皆谓"班如"为不进，则作"般"为正。班与般，古字通用。惠氏曰："班当从郑作般，古文班。"（富孙按：晁氏云"般古文作班"，非是。）臧氏曰："马云班旋不进义当作般。马读班为般，与郑本合。古般、班字通。陆云如字，此误也。"

匪寇婚媾

《释文》云："媾本作冓。郑云：犹会，或作构，非。"

案：《说文》云："媾，重婚也。"（马融同）引《易》作"婚媾"。陆绩云："媾本作冓，此从省。"晁氏云："冓，古文。"惠氏曰:"当从郑本作昏莕。"

即鹿无虞

《释文》云:"鹿,王肃作麓,云山足。"

案:《书》"纳于大麓",魏《受禅碑》作"大鹿"。《春秋》僖十四年"沙鹿崩",《穀梁传》曰:"林属于山,为鹿。"(《说文》林部、《汉·五行志》并引作"麓"。)范宁注云:"鹿,山足。"《左氏》昭二十年传曰:"山林之木衡鹿守之。"疏引林衡叙官注云:"衡,平也,平林麓之大小及所生者。此置衡麓之官守山林之木。"是古麓字多省假作鹿。辅嗣因《象》言"从禽",谓"虽见其禽,而无其虞"。疏以鹿为兽,并依文生训。段氏曰:"凡山足皆得称麓,亦假借作鹿。"虞翻曰:"山足称鹿。(案,《集解》旧本作"麓"。)鹿林也。"

君子幾

《释文》云:"幾,郑作机,云弩牙也。"

案:三与五不相应,故即鹿无虞,然君子之动,未可轻躁,欲张弩牙以猎禽,见其形执,不如舍止也。此与王弼以幾为语辞较长。惠氏曰:"君子张机不能获禽,不如舍者,舍拔而已。言无所获。"

泣血涟如

《说文》心部引作"泣涕㥄如",《后汉·寇荣传》注引作

"泣涕",《陈球后碑》同。《淮南·缪称》"涟"引作"连"。

案：雨无正《毛传》云："无声曰泣血。"《说文》："涕，泣也。"义同。《释文》"涟"引《说文》云："泣，下也。"是陆氏本当亦作㥄。《氓》释文又云："涟，泣貌。"或同音通用。《淮南》又作涟，从省。惠氏曰："涟，本波澜之字，《说文》引作㥄，或古从立心，篆书水、心相近，故误为涟。"（《毛诗》"泣涕涟涟"亦当从心连声。）

匪我求童蒙

《释文》云："童，字书作僮。郑云：未冠之称。"（《旅》"得童仆"、"丧其童仆"，《集解》本并作"僮"。）

案：《说文》云："童，男有罪曰奴，奴曰童。""僮，未冠也。"是古以童为奴仆，僮为幼少。今俗所用正相反，经传多淆杂，莫能諟正矣。《九经字样》云："男有罪曰童，古作僮子。今相承以为僮仆字。"段氏曰："今人'童仆'字作僮，以童为'僮子'字，盖经典皆汉以后所改。"（富孙案：经典多有为经师改易，兼杂隶体、通借之字，故互有异同，与《说文》古谊鲜合。）

再三渎

《说文》黑部"渎"引作"黩"，云"握持垢也"。（《系辞》"下交不渎"，《后汉》朱穆、韩稜、延笃传并引作"不黩"。）《集解》引崔憬曰："渎，古黩字。"

案：《说文》云："渎，沟也。"经典通借为渎亵字。据《说文》，"渎亵"当作"嬻媟"，嬻与黩义亦别。今俗并通用。段氏曰："许所据《易》作黩，郑注云：渎，亵也。若依郑义，则黩为叚借字，渎为正字。黩训握垢，垢入于握持，是辱也。古凡言辱者皆即黩。"

童蒙求我

《释文》云："一本作'来求我'。"《吕览·劝学》注引同。（卦辞足利古本"蒙"下亦有"来"字。）

案：王弼卦、象注并云："童蒙之来求我。"则弼旧本当有"来"字，不误。惠氏曰："《正义》脱来字。"王氏念孙曰："蔡邕《处士圈叔则碑》：'童蒙来求，彪之用文。'是汉魏时经文多有'来'字。"

以往吝

《说文》辵部"吝"引作"遴"，云"行难也"。（《说卦》为"吝啬"，《释文》："吝，京作遴。"）口部仍引作吝。

案：《汉·地理志》云："民以贪遴。"师古曰："遴与吝同"。《杜钦传》"不可以遴"、《王莽传》"性实遴啬"注并同。是汉人多假"遴"为"吝"也。惠氏曰："史书遴本吝字（见《汗简》），此《易经》古文。"段氏曰："许《易》称孟氏，或兼称他家，或孟《易》有别本，皆未可知也。"

包蒙

《释文》作"苞"，（卢氏曰：旧本作包，钱氏影宋本作苞，明监本、雅雨本同。）郑云："苞当作彪，彪，文也。"晁氏《易》云："京房、郑、陆绩、一行皆作彪，唐石经作苞。"（《泰》《否》卦同。《泰》"包荒"，《释文》："苞本又作包，下卦同。"《否》"系于苞桑"，《集解》本作"包"，《系辞》同。《后汉·臧宫传》注引同。《姤》"包有鱼"，项氏《玩辞》引子夏、虞翻皆作"苞"。）

案：《说文》云："勹，裹也，象人曲形有所勹裹。""包，象人怀妊。""苞，草也。"是包裹字，古作"勹"，今经典作"包"或叚作"苞"（古本多从艸），皆以同音通用也。彪、包，声相近，古音尤幽部亦转读萧宵肴豪部，义通。段氏曰："《诗·斯干》、《生民》传曰：'苞，本也。此苞字本义，叚借为包裹。近时经典凡训包裹者，皆径改为包字。郭忠恕之说误之也。"

勿用取女

《释文》云："取，本又作娶。"《集解》本同。（《咸》"取女吉"，《释文》本亦作娶，下同。《姤》"勿用取女"，陆本作娶，足利古本同。）

案：《说文》云："娶，取妇也。"经典多叚取为娶。晁氏云："取，古文。"

顺以巽也

《释文》云："巽，郑云当作逊。"（《巽》"巽在床下"，《广韵》引作"逊于"。）

案：《说卦》曰："巽。入也。"（《序卦》同）《说文》云："逊，遁也。"（《释言》文）"巽，具也。"《正义》云："巽亦顺也。"是与上"顺"义复。《书》"巽朕位"，马云："巽，逊也。"（逊一作让）《广雅》始训"巽"为"顺"。（《书》伪传训顺。《疏》以为《说卦》文，误。）据许义，逊者，逡遁、退让之意。巽、逊音同，巽训为入，故郑以为当作逊。《文选·魏都赋》"巽其神器"注云："逊与巽同。"（《象传》于乾坤七卦体皆言其义，惟巽举其名，并不言顺，《井》《鼎》巽字为入之本义，《家人》《萃》《渐》象传亦言巽。）

击蒙

《释文》云："击，马、郑作繫。"晁氏《易》引荀爽、一行本同。

案：《说文》云："毄，相击中也，如车相击。"《考工记·庐人》："毄兵同强。"《疏》云："殳长丈二而无刃，可以毄打人，故曰毄兵。"是与击义相同。《司门》"祭祀之牛牲毄焉"、《校人》"三皁为毄"，此用为"係"字。《擊辞传》释文云："字从毄。若直作毄下糸者，音口奚反，非。"（《说文》："繫，繫纆也，一曰恶絮。"）则古字当作"毄"，后人或加"手"或加

"系",故有不同,其字形又相似。汉《郭仲奇碑》云"鹰俦电毄",此正以毄为击也。

利御寇

蔡邕《明堂月令论》引作"利用御寇。"足利古本同。

案:蔡引作"利用",古本当如此,或亦涉《象传》之文。

需有孚

胡氏《启蒙》引《归藏易》,"需"作"溽"。《释文》云:"需,郑读为秀。解云:阳气秀而不直前者,畏上坎也。孚又作旉。"

案:溽转平声,读若儒,与需音相近。杨用修《古音》云:"溽字同濡。"郑读需为秀,《说文》貐读若槱,是需有槱音,与秀声亦相近。秀为禾实下垂之象,故云"不直前也"。旉、孚,音同。《说文》:"旉,布也。"古字叚借义亦通。(何氏楷曰:"古《归藏易》今亡,惟存六十四卦名,又阙其四。"此书疑假托。《订诂》所载字恐难尽据,依《释文》不详录。)惠氏曰:"儒行饮食不溽。郑注云:恣滋味为溽,溽之言欲也。故《象》言饮食宴乐。古文《易》不可考,然溽字不为无说。"

位乎天位

《释文》云:"位乎之位,郑音涖。"唐石经"乎"作"于"。

案：《周礼·肆师》注云："故书位为涖。"杜子春云："涖当为位，书亦或为位。"《穀梁》僖三年："公子季友如齐涖盟。"传曰："涖者，位也。"（文七年、昭七年传并同。）范注云："盟誓之言素定，今但往其位而盟。"《广雅》云："位，涖也，是涖与位义通。"《释文》涖又音类，合音亦最近。《论语》"孝乎惟孝"，汉熹平石经作"于"，古并通用。（《吕览·审应》注云："于，乎也。"）

云上于天

《释文》云："王肃本作'云在天上'。"

案：肃、弼本文虽异，而义皆通。

需于沙

《释文》云："沙，郑作沚。"（旧本作沚，误。）何氏《订诂》引孟喜本"沙"下有衍字。

案：《说文》"沙"重文"沙"，云："潭长说沙或从止。"今郑作"沚"，正从潭说。《诗·凫鹥》疏引郑《易》注云："沚，接水者。今本直作沙，亦字之讹。"（惠氏曰："沚当据古文《易》。"惠氏士奇曰："汉人多识字，唐人略识字，今人不识字。"是作沚、作沙，皆以后人不识沚字。）《穆天子传》云："天子东征，渴于沙衍。"注云："沙衍，水中有沙者。"依此，《象传》衍字属上读，则爻当亦有衍字。

致寇至

《释文》云："寇，郑、王肃本作戎。"（《象》"自我致寇"，足利古本作"致戎"，《解·象》"自我致戎"，《释文》本又作"致寇"。《系辞》"致寇至"，《释文》："徐或作戎。"宋衷云："戎误。"）

案：戎与寇，义略相近，诸家当皆作寇。（下虞注云"离为戎"，是虞亦作戎。）晁氏《解·象》注云："其失自虞始。虞前皆依爻作寇。"

有孚窒

《释文》云："窒，马作恎，云读为躓，犹止也。郑云：恎，觉悔貌。"

案：窒、恎皆从"至"声，马读恎为躓，训"犹止"，与"窒"义略同。《毛诗传》"恎谓笑"，郑云"觉悔貌"，当即就本义而引伸之，盖以笑若有觉悔之意也。

患至掇也

《释文》云："掇，郑本作惙，云忧也。"

案：惙与掇，字形相似，疏引王肃云"若手掇拾物然"（荀义同），不如郑义为长。

或锡之鞶带

《释文》："鞶，徐云王肃作槃。"带，《释文》作"帶"，云"亦作带"。

案：《左氏》定六年传："定之鞶鑑。"《释文》云："鞶又作盘。"盘、槃字同。《穀梁》桓三年传："诸母般申之。"注云："般，囊也。"《释文》云："般，一本作鞶。"般即古"槃"字，是与"鞶"并通。《诗》："五楘梁辀。"《释文》云："本又作鍪。"则从"木"、从"革"亦通。汉碑带作帶，楷变作帶。晁氏云：帶，篆字，非。《说文》无此体。

终朝三褫之

《释文》云："褫，郑本作扡，徒可反。"（惠校《集解》本改作"扡"。）

案：《说文》云："褫，夺衣也。"《淮南·人间》注云："扡，夺也。"是"扡"与"褫"义同。（《说文》："扡，曳也。"《论语》："加朝服，拖绅。"此"扡"之本义。晁氏读为"扡绅"字。）钱氏曰："古读褫如扡。《说文》：褫，读若池。池即扡之讹。扡、夺，声相近。"段氏曰："扡者，褫之叚借字。"

丈人吉

《集解》引崔憬云："《子夏传》作大人，谓王者之师。"

案：大、丈二字形相似，故转写易溷。（《左氏》哀十一年、十三年传《释文》并云："丈夫，本或作大夫。"）《释文》引郑作"丈人"。（晁氏曰："杨雄作丈人。"）李鼎祚曰："此《彖》云'能以众正，可以王矣。'知为王者，必大人也。岂以丈人而为王者哉？作大人是也。"吴氏澄曰："'丈'字，盖'大'字之讹。"

否臧凶

晁氏《易》云："否，荀、刘、一行作不。"

案：《论语》"子所否者"，《孔子世家》作"不"。《说文》云："否，不也。"义本同，声亦相近。"不"又读方久切，古与否多通用。顾氏炎武曰："按不字古音丕，从一为丕，从口为否。然古字多通用，其未然之词皆曰不，转而上声则曰否。"

王三锡命

《释文》云："锡，郑本作赐。"

案：《释诂》曰："锡，赐也。"《公羊》庄元年"王使荣叔来锡桓公命"传曰："锡者何？赐也。"《仪礼·燕礼》注云："古文赐作锡。"（《觐礼》注："今文赐作锡。"）是锡、赐古今字之异。段氏曰："凡经传云锡者，赐之叚借也。"

承天宠也

《释文》云："宠，王肃作龙，云宠也。"

案：龙为古文宠字。《诗》"为龙为光"毛传云："龙，宠也。""何天之龙"笺云："龙当作宠。"古人训诂，音义相兼。龙训为宠，即读为宠。《左氏》昭十二年传："宠光之不宣。"即《诗》之龙光也。段氏曰："龙，即宠之叚借。"

田有禽

《释文》云："禽，徐本作擒。"

案：《白虎通》云："禽者何？鸟兽之总名。为人所禽制也。"《曲礼》"不离禽兽"疏云："禽者，擒也。言鸟力小，可擒捉而取之，故得通名禽。"是"禽"已赅"擒"义。擒即《说文》"捦"，为后加偏旁俗字。（《鲁语》"展禽名获"、《左》僖廿二年传"不禽二毛"不从手。《白虎通·号》引作"擒"。）荀、虞、资州并解作"擒"，依字谓"禽兽"亦通。（《井·象传》崔憬注云："禽，古擒字，禽犹获也。"卢氏曰："既假言田猎，则假言禽兽亦可。古擒并作禽，即训为擒，亦不必改字。"）

有他吉

《释文》作"它"（《中孚》"有它"同），云"本亦作他"。《集解》本、唐石经、足利本、古本、宋本并作"它"。（下仿此）

案：《说文》云："佗，负何也。""它，虫也。上古草尻，患它，故相问无它乎。"隶变"佗"为"他"，以为彼之称，则非负何本义。古只作"它"。《士虞礼记》注云："今文他为它。"《玉篇》云:"它,古文佗字。"

比之匪人

《释文》云:"王肃本作'匪人凶'。"

案:《魏志·王肃传》云:"肃善贾、马之学而不好郑氏,撰定父朗所作《易传》。"此当即其父所传之本。

王用三驱

《释文》:"驱,徐云:郑作敺。"《文选·东京赋》薛注引同。

案:《说文》:"驱,马驰也,古文作敺。"是郑从古文。惠氏曰:"康成传费氏《易》,费本皆古字,号'古文《易》',当从之。"(《汉书》驱皆作敺。)

邑人不诫

唐石经初刻"诫"作"戒"。(《系辞》"小惩而大诫",石经初刻同。)

案:《说文》云:"诫,敕也。""戒,警也。以戒不虞。"据虞义、弼注似作"戒"字(《泰》虞注作"戒")。石经后改作"诫",当从《正义》本。

小畜

《释文》云:"畜,本又作蓄。"(《大畜》《序卦》"比必有所畜"《释文》并同。）

案：《说文》云："畜，田畜也。"《鲁郊礼》从兹田作"蓄"。蓄，积也。《诗》"我有旨蓄"，《释文》云："本亦作畜。"《王制》"国无九年之蓄"，《释文》并作"畜"。《穀梁》庄廿八年传同。是'蓄积'字古通作"畜"。《汉·景帝纪》注师古曰："畜，读曰蓄。郑训养也。"则不从蓄字。

舆说辐

《说文》车部引作"舆脱輹"，云："輹，车轴缚也。"《释文》云："辐本亦作輹，音服。"《集解》引虞作"车说辐"。[惠校本改作"輹"，经文同。《玩辞》引《释文》云："《子夏传》、虞本作輹。"今本脱。《大畜》"舆说輹"，《释文》："輹，或作辐。一云车旁作复，车下缚也。"《集解》引虞云："坤为车为腹，腹或作輹。"（惠氏曰："腹，古文輹。"）《大壮》"壮于大舆之輹"，《释文》："本又作辐。"］

案：《释文》"輹"下引马云："车下缚也。"郑云："伏菟。"《说文》曰："轐，车伏兔也。"是与輹为二物。《考工记》郑司农注："轐，伏兔也。"疏云："伏兔，汉时名，今人谓之车屐是也。"《释名》云："輹似人屐，伏菟在轴上，似之。"又曰："輹伏于轴上。"《易》疏引郑注云："谓舆下缚木，与轴相连钩心之木。"是以轐、輹为一。《说文》："辐，轮轑也。"《老子》云："三十辐共一毂。"辐非可脱之物。今本作辐，传写之讹。项氏安世曰："辐以利轮之转，輹以利轴之转。然辐无说理，必轮破毂裂而后可说。若輹，则有说时，车不行则说之矣。《大畜》《大壮》皆作輹字。"顾氏曰："《左传》僖十五年'车说其輹'，注：輹，车下缚也。《正义》引《子夏传》云：輹，车下伏兔也。今人谓之车屐，形如伏兔，以绳缚于轴，因名缚也。"熊朋来云："輹谓辀上伏兔。《考工记》'辀人为辀，自伏兔至轨七寸'，即此輹也。故《易》亦云'说輹'。"段氏曰："《说文》輹、輹迥然二物。戴东原氏以輹、輹实一字，其下有革以缚于轴。按，马说与许合，其非輹明矣。"（富孙又案：《说文》："輹，车伏兔下革也。读若闵。"盖伏兔本在舆底，以叉衔轴，则舆不动。其形似屐，伏兔下有革以缚之。《广雅》："輹，伏兔也。"据许书，伏兔名輹，缚轴为輹，其革名輹，故輹字厕于輹与轴輹之间。是许分析言之，其实即为一事，故诸家多统言之，惠氏士奇谓輹与輹通，戴氏以輹、輹为一字，江氏永以伏兔又名輹。段氏必析为二，不知其所缚者即伏兔，皆袭旧说而未悟也。桂氏馥妄谓郑本作輹，尤非。）

血去惕出

《释文》："血，马云：当作恤，忧也。"

案：恤与血，字形本相似，马意作恤，与惕同义。惠氏曰："古文恤作血。"

有孚挛如

《释文》云："挛，《子夏传》作恋，云：思也。"

案：《说文》云："挛，系也。"心部无恋字。女部"奱"训"慕"，即今之"恋"字。《汉·外戚传》云："上所以挛挛顾念。"读与"恋"同。挛、恋形声相近，义亦通。惠氏曰："《隶释·汉唐公防碑》（案，碑云"妻子挛家"。）及《景君碑》（碑云"路遐挛亲"。）皆以挛为恋，知古文恋字作挛也。"（富孙案：汉隶于同音之字往往任意通用，此六书叚借，非必尽合古文。洪氏适曰："汉人简质，字相近者辄用之。"）

尚德载

晁氏《易》云："德，《子夏传》、京、虞作得。"（《剥》"君子得舆"，《释文》："得，京、董作德。"《集解》引虞同。《升》"君子以顺德"，《释文》："姚本作得。"）

案：《说文》云："德，升也。"《周礼·大卜》"三曰咸陟"注云："陟之言得，读如'王德翟人'之德。""陟"训为"得"，读如"德"，与《说文》义同。盖古不以"德"为道悳字。《乐记》云："德者，得也。"故德与得经传多通用。钱氏曰："古文德与得通。"《公羊传》"登来之也"，齐人语以得为登，登与升同义。"

月幾望

《释文》云："幾，《子夏传》作近。"晁氏《易》引京、刘、一行本同。（《归妹》"月幾望"，《释文》："幾，荀作既。"《中孚》"月幾望"，《释文》："京作近，荀作既。"晁氏云：

"孟、一行作既。孟云：十六日也。"）

案：《释诂》云："幾，近也。"《诗》郑笺、《礼记》注、《左传》杜注、《国语》韦注、《史记》索隐、《汉书》颜注皆训"幾"为"近"，是文异而义同。古文又读"近"为"既"，《诗》"往近王舅"郑笺读"近"如"彼记之子"之"记"。（《释文》："近，音记。"）幾、既亦声之转。（惠氏曰："《毛传》：近，已也。近，音近既。'既'有'已'义，故读从之。毛居正《六经正误》以'往近王舅''近'即《说文》'辺'字。"）顾氏曰："古书近、幾同为一字。"

不咥人

《文选·西征赋》注引郑本作"噬"，云"啮也"。

案：《赋》云："履虎尾而不噬"，是从郑本。噬、咥，声相近，义同。（《集解》引荀注"亨"下有"利贞"，惠校本据增。）

履帝位而不疚

《释文》云："疚，陆作疾。"

案：《说文》云："疾，病也。"疒部不载疚字。（宀部："疚，贫病也。"）《曲礼》注云："忧，或为疾。"《释文》："疾本又作疚。"二字义并通。

跛能履

《释文》云:"跛,依字作庞。"(旧作破,误。)

案:《说文》云:"跛,行不正也。""庞,蹇也。"二字义异。依上文"眇"字当作"庞","跛"为假字。钱氏曰:"《说文》'庞',即'跛能履'之跛。"

愬愬终吉

《说文》虎部引作"虩虩",云恐惧也。《释文》马本同。(《震》"震来虩虩",《释文》:"苟作愬愬。")

案:《说文》"愬"为"诉"或字。虩,一曰蝇虎。《吕览·慎大》引作"愬愬,履虎尾",高诱曰:"愬,读如虩。"盖古书假借,本无其字,依声托事,故诸家所从多不同。《子夏传》作"愬愬",云恐惧貌。马、郑用费氏《易》,许用孟氏《易》,其字虽异,而训皆同。虩、愬声相近,以依声假字,故得并通。

视履考祥

《释文》云:"祥,本亦作详。"(《大壮》"不详也",《释文》:"详,郑、王肃作祥,善也。"《集解》本、足利本同。)晁氏《易》云:"郑、荀作详。荀云:审也。"《丙子学易编》云:"古本或作详。"

案:《书·吕刑》"告尔祥刑",《后汉·刘恺传》引作"详刑"。《周礼》注(《大宰》《大司寇》)引《书》"度作详刑"。

《孟子》"申详",《檀弓》作"申祥"。《左传》成十六年《正义》云:"详,祥也。"古字祥、详多通用。徐氏锴曰:"祥之言详也。天欲降以祸福,先以吉凶之兆。详,审告悟之也。"(案:虞并训祥为"善",郑、王亦同。是与详、审义异。)惠氏曰:"古祥字皆作详。石经《尚书》及《左传》《公羊》犹然。"段氏曰:"详,经传多假为祥字。"

后以财成天地之道

《释文》云:"财,荀作裁。"《汉·律历志》同,荀悦《汉纪》(七)引作"君子裁成,辅相天地之宜"。(《系辞》"化而裁之",《释文》:"裁本又作财。"《集解》引翟同。)

案:《说文》云:"财,人所宝也。""裁,制衣也。"郑氏《易》注云:"财,节也。"与《释言》"财,节也"训同。财、裁古今字。《史》《汉》二字并通用。《释言》疏引此云:"裁、财音义同,然财为假字。"(虞注如字解)荀悦所引,当是以意省改耳。

以其彙

《释文》云:"彙,古文作𦞅。董作夤,出也。郑云:勤也。(卢氏曰:"《音训》云:董作蘱,出也。郑作夤,勤也。"今本似有脱文。)傅氏云:彙,古伟字,美也。"

案:《释兽》:"彙(《说文》作希),毛刺。"《释文》云:"彙本亦作䚟。"则䚟与彙通。《释诂》曰:"谓,勤也。"《释木》"谓椓",《释文》云:"谓,舍人本作蘴。同。"是蘴、谓亦通,故郑训为"勤"。(邵氏晋涵以《释诂》簧当作菁,为古文蘴,恐非。)"蠢"与"蘴"字形相似,傅氏以为古"伟"字,其声近也。盖诸家师承各异,而文义亦因不同。惠氏曰:"蘴当从古文。"(何氏曰:"古文作菁,从艸,可知蘴字涸而为蘴。"江氏声曰:"据《类篇》,当云古文作蘴。")段氏曰:"《说文》:蘴,草木蘴孛之貌。菁即蘴之异者,蘴则假借字也。"又曰:"蘴,蘴虫也,俗作蜳。"郑注:"蘴,勤也。"以为"谓"之假借也。王弼云:"类也。"以为"会"之叚借也。

征吉

足利古本"征"作"往"。(《损》"利贞征凶",《震》"矍矍征凶",古本同。)

案:《诗》"征以中垢",《韩诗外传》作"往",二字形相似,义尚通。

包荒

《说文》川部引作"包巟",云"水广也"。《释文》云:"荒,本亦作巟,音同。郑读为康,云虚也。"(晁氏"虚"引作"大"。)晁氏《易》云:"字书又作巟。"(象数无田秽之荒。今人犹有水巟之语。其失自王弼始。)

案:虞翻曰:"在中称包巟,大川也。失位变得正,体坎。坎为大川。"(惠校本经文改作"巟"。)虞氏世传孟氏《易》,

故与《说文》合。翟元曰:"荒,虚也。"与郑同。《释诂》:"漮,虚也。"《释文》:"郭云本或作荒,荒亦邱墟之空无。"郭注引《方言》:"漮之言空也。"《诗》"酌彼康爵"笺云:"康,空也。"漮、康二字音义同,而荒与康亦通。《集韵》:"漮与忼同。此俗体。"惠氏曰:"《穀梁传》云:四谷不升谓之康。康是虚荒之名,其义同也。"

无平不陂

王逸《离骚》注引作"不颇"。

案:《书》"无偏无陂",《吕览·贵公》《史记·宋世家》并引作"颇"。《释文》云:"旧本作颇,至唐明皇始改颇为陂。"是王逸所据亦当为古文。惠氏曰:"是古《易》本作颇,故《释文》又音破河反。"

勿恤

《说文》目部引作"勿䘏"。

案:《说文》恤、䘏并训"忧",音义皆同。段氏曰:"古书多用䘏字,后人多改为恤。疑古只有䘏,恤其或体。"

象曰无往不复

《释文》作"无平不陂",云"一本作'无往不复'"。足利古本"一"上有"无平不陂"四字。晁氏《易》引宋衷同。

案:定本作"无平不陂",依上爻辞当从之。宋衷本并有二句，亦通。

六四翩翩

《释文》作"篇篇"，云："《子夏传》作翩翩，向本同，古文作偏偏。"

案：《子夏传》云："翩翩，轻举貌。"《诗》"旟旐有翩"，《释文》云："本亦作偏。"偏、篇皆以同音通用。王弼本当作"篇篇"，故《释文》从之。（《序录》云以王为主。）今本乃依《子夏传》也。（虞本同。）

城复于隍

《释文》云："隍，子夏作堭，姚信作湟。"晁氏《易》云："古文作皇。"

案：《说文》云："隍，城池也。有水曰池，无水曰隍。"引《易》文同。《广雅》："堭，壁也。"《文选·七发》注云："湟，城池也。"堭、湟是别体字。皇，省文。（何氏曰："古用谐声字，多只用偏旁，盖从省也。"）

不可荣以禄

《集解》引虞作"营"，云："营或作荣。"

案：《汉书·叙传》云："不营不拔。"应劭注引《易》与今本同。汉《度尚碑》云："匪禄是荣。"《娄寿碑》云："不可荣以禄。"（或引作营）《费凤碑》："不营荣禄。"是汉时二字互异。虞传孟氏《易》则作"荣",为费《易》,皆以音同形似而易杂尔。

畴离祉

《释文》云:"畴,郑作古畴字。"

案:《释诂》曰:"畴,谁也。"郭注引《易》同。《释文》云:"畴,本又作噚。"《说文》:"噚(今本作曧,误),谁也,从弓,为古文畴。"(畴,隶体,《说文》本作"畤"。)是郑作"噚"与《说文》合。噚、畴古今字。王逸《楚词注》云:"二人为匹,四人为畴。"《国策》高注、《汉书》韦注皆云:"畴,类也。"故《疏》云"谓畴匹",此畤字引伸之义。

易经异文释二

嘉兴李富孙芗沚 著

乘其墉

《释文》云:"墉,郑作庸。"晁氏《易》云:"庸,古文。"

案:《诗》"以作尔庸",《毛传》云:"庸,城也。王制,附于诸侯曰附庸。"《正义》亦云:"庸,城也。"《说文》:"墉,古文作𩫨。"此作"庸",古字从省。(《书大传》"天子贲庸"注云:"墙谓之庸。"亦从省。)

大车以载

《释文》云:"车,蜀才作舆。"晁氏《易》云:"《子夏传》作舆。"(《贲》"舍车而徒",《释文》:"车,郑、张本作舆。"《剥》"君子得舆",《释文》:"董作车。"《集解》引虞云:"坤为车。"《大壮》"壮于大舆之輹",《集解》引虞作"车"。《困》"困于金车",《释文》:"本亦作舆。"《说卦》"其于舆也",虞亦作"车"。)

案:《诗》"我出我车",《荀子大略》引作"我舆";"出车彭彭",《史记·匈奴传》引作"出舆"。《论语》"在舆",《汉

·律历志》作"车","夫执舆者为谁",汉石经作"执车"。古"车"读如"居",后转读尺奢反,非古音也。(《释文》云后汉时始有居音,非是。)车、舆声转义同,经传多通用。(《大畜》"舆说輹",《释文》:"舆本或作轝。"案:《吕览·慎大》"武王未下轝"、《封禅书》"乘轝",皆作此字,是又"舆"之别体。惠氏曰:"轝、舆,古今字。")

公用亨于天子

《释文》云:"亨,许庚反,通也。众家并香两反。京云献也,干云享宴也,姚云享祀也。"[《随》"王用亨于西山",《释文》:"亨,许庚反。陆许两反,云祭也。"晁氏《易》云:"京、虞、陆、一行作享。"《益》"王用享于帝",《释文》:"享,王虞许庚反。"《升》"王用享于岐山",《释文》:"亨,许庚反。(荀、崔同)马、郑、陆、王肃许两反,马云'祭也',郑云'献也'。"《鼎》"亨饪也",《释文》:"亨本又作亯,同普庚反,煮也。"]

案:《说文》云:"亯,献也。篆文作亨。"是"亯"为籀古文,旧音许两、普庚、许庚三切,后隶从亨变作亨。古亨通之亨、享献之享、烹饪之烹,皆只作亨字,故诸家各从所读释之。项氏曰:"《大有》《随》《益》《升》皆言'用亨'。古文亨即享字,今独益作享。读者俗师不识古字,独于'享帝'不敢作'亨帝'也。"段氏曰:"据元应书,亯者籀文,小篆作亨,故隶书作亨。作享,小篆之变也。"

匪其彭

《释文》云:"彭,子夏作旁,虞作尫。姚信云:彭,旁。徐音同。"(朱本、钱本、徐皆作俗,《音训》引同,不误。)《集解》引虞云:"尫或作彭。(惠校本经文改尫作为。)作旁声,字之误。"

案:《说文》云:"彭,鼓声也。"《玉篇》云:"盛也。"引申为凡壮盛之义。故干云:"彭亨,骄满貌。"王肃云:"壮也。"旁、彭,声相近字。《诗》"四牡彭彭",《说文》引作"骎骎"。"百两彭彭",汉《司马季德碑》作"旁旁",是彭、旁古通用。(《诗》"驷介旁旁",王云:"强也。""驷骐彭彭",笺云:"马又强。"训义同。)王弼注云:"常匪其旁,旁谓三。"则亦作"旁"。《正义》本作"彭",仍训"旁"尔。(段氏曰:"《诗》'出车彭彭'、'四牡彭彭'即《郑风》'驷介旁旁'之异文。")虞作"尫",别为一义,或是孟《易》。

明辩晢也

《释文》云:"晢,王廙作晣(旧作"晰",误。),同音。又作晣字。郑本作遰,云:读如'明星晢晢'。陆本作逝,虞本作折。"《集解》本(惠校本改"折")、唐石经作"晢"。(今俗本作"晳",误。)晁氏《易》云:"徐、李、刘遵作晢。"

案:《说文》云:"晢,昭晢,明也。"《洪范》"明作晢"(今本作"哲"),郑注曰:"君视明,臣昭晢。"晢本从日,谓日之光。人之明哲亦同义，故又作哲。王廙作"晣"，即移日于左旁耳。虞又从省作折。郑作"遰"，仍读如"晢"，义同。陆作"逝"，《说文》："逝，往也。""遰，去也。"《夏小正》注："遰训往。"则"逝"与"遰"亦通。

谦

《释文》云："谦，子夏作嗛，云：嗛，谦也。"

案：《说文》云："嗛，口有所衔也。"与谦字义别。《汉·艺文志》云："《易》之嗛嗛。"师古曰："嗛与谦同。"《司马相如传》注、《文选·魏都赋》注并云："嗛，古谦字。"《汗简》云："《史记·乐书》及冯焕残碑皆以嗛为谦，此并通借字。"（晁氏曰篆无嗛字，非。惠氏《易述》作"嗛"，云乾上之三盈为嗛，在人为谦。）钱氏曰："古书言旁字与口旁字往往相通，故谦或为嗛。"（李阳冰书《谦》卦谦字凡二十见，无一同者。）段氏曰："嗛，叚借为欿字。商铭'嗛嗛之食'、'嗛嗛之德'是也。亦叚借为谦字，如《子夏传》《汉书》谦卦作嗛是也。"

天道亏盈而益谦

《释文》云："亏，马本作毁。"《说苑》引同。

案：《释诂》云："亏，毁也。"《说苑》作"毁"，是古本有作"毁"，音近而义同。

鬼神害盈而福谦

《释文》云:"福,京本作富。"

案:《郊特牲》曰:"富也者,福也。"《诗·瞻卬》传云:"富,福也。"《召旻》笺亦训富为福。《释名》又云:"福,富也,其中多品如富者也。"福、富,声之转,义同。《刘修碑》云:"鬼神富谦。"当亦从京《易》本。

君子以裒多益寡

《释文》云:"裒,郑、荀、董、蜀才作捊,云取也。字书作掊,《广雅》云:掊,减。"《玉篇》手部引作"捊",云"犹减也"。本亦作裒,唐石经作褒。

案:《释诂》:"裒,聚也。"《释文》云:"古字作褒,本或作捊。"《说文》云:"捊,引取也。"(段氏本"取"作"埾",云:"裒者,捊之俗。")"掊,杷也。"掊、捊声相近。裒聚与掊减,义虽异而理并通。钱氏曰:"《说文》无裒字,捊即'裒多益寡'之裒。褒从衣从采。采与孚同。"则褒亦与捊通。又曰:"褒之为裒,亦隶体之变。"(富孙案:《造桥碑》云:"一以裒贤君。"此以裒为褒。顾氏谓石经误作褒,未尽然。)

撝谦

《释文》云:"撝,义与麾同。郑读为宣。"晁氏《易》云:"京房作挥。"《义海撮要》《汉上易》引同。

案：《说文》云："扐，一曰手指扐也。""麾，旌旗所以指麾也。"《后汉·刘盆子传》注云："扐与麾同。"京作"挥"。《淮南·览冥》注云："扐，挥也。"《乾文言》王肃注云："挥，散也。"是义亦同。郑读为"宣"，当取显著之义。《韩诗》"赫兮宣兮"云"宣，显也。"《毛诗》作"咺"，亦云"威仪容止宣著也"。段氏曰："扐谦者，溥散其谦，无所往而不用谦。"是挥与扐义通。

利用侵伐

《释文》云："侵，王廙作寑。"

案：《说文》寑，籀文作㓂，与侵字形相似易淆，义亦可通。

而四时不忒

《释文》云："忒，京作貣。"（旧本作"贷"。）

案：《说文》云："忒，失常也，""忒，更也。"（段氏曰："左部：差，忒也。凡有过失改，常谓之忒。本无貣字，此浅人妄增。"）貣，从人求物也。二字义异。《洪范》"衍忒"，《宋世家》引作"貣"，《管子》书皆以"貣"为"忒"，此同音叚借字。

殷荐之上帝以配祖考

《释文》云："殷，京作隐。荐，本又作薦，同。"（《观》"盥而不荐"，《释文》："本又作薦，同。"）或作廌，非。《汉·

艺文志》"配"引作"享"。

案：《诗》"如有隐忧"，《文选》注引《韩诗》作"殷忧"。汉《刘熊碑》云："勤恤民殷。"此以殷为隐。《汉·杨雄传》注师古曰："殷读曰隐。"殷、隐，声之转。《说文》"䕩"今作"荐"，是隶体。"配"作"享"，文异而义通。

介于石

《释文》云："介，古文作砎。郑云：谓磨砎也。马作扴，云触小石声。"（《系辞》"介于石"，《释文》："众家作砎，徐云、王廙古黠反。"）《白虎通·谏净》引作"介如石"。

案：《晋·桓温传》云："砎如石焉。"《伏滔传》："得之于砎石。"《孔坦书》云："砎石之易悟。"《宋·谢晦传》："非砎石之圆照。"此皆从古文。《说文》："扴，刮也。"《广韵》云："扴者，揩扴物也。"是与"磨砎"义略同。《白虎通》所引当涉《系辞》之文。段氏曰："扴于石，谓摩硪于石也。"

盱豫

《释文》云："盱，子夏作纡，京作汙，姚作旴，云日始出。引《诗》'旴日始旦'。"晁氏《易》云："陆绩作纡。"

案：向秀云："䁅盱，小人喜悦之貌。"王肃云："盱，大也。"郑云："夸也。"王弼亦曰："䁅，盱。"此并从目旁。《释诂》："訏，大也。"《释文》云："訏，本又作盱。"郑义略同。子夏、诸家本皆以声转形似而异。

45

由豫

《释文》云:"由,马作犹,云:犹豫,疑也。"

案:郑云:"由,用也。"《荀子·富国》注云:"由与犹同。"犹、由古多通用,惟文异而训有不同。(《楚辞·惜贤》注:"由由,犹豫也。"是义亦通。)

朋盍簪

《释文》云:"簪,徐侧林反,《子夏传》同,疾也。郑云:速也。王肃又祖感反。古文作贫。京作撍,马作臧,荀作宗,虞作戠。戠,丛合也。(丛合,《集解》作聚会,字形相杂。)蜀才本依京义从郑。"《集解》引虞云:"坤为盍。盍(惠校本改作戠,经文同),聚会也。簪(惠改作戠),旧读作撍、作宗。"

案:《子夏传》"簪"训"疾"(王弼同),郑义相同。《释诂》:"疌,速也。"《释文》云:"本或作疌。"《说文》:"疌,疾也。"张揖《古今字诂》疌作撍。《埤苍》云:"撍,疾也。"撍与簪同音,字形亦相似。(簪、撍、疌又皆读子感切。)陆希声曰:"撍,今捷字。"(捷本《说文》疌字)王洙谓即《诗》"不疌"字。此并异字而同义。古文作贫,未详。臧、宗、戠皆声相近。(钱氏坫曰:"宗为臧,是声转。")惟侯果始训为"冠簪",《说文》云:"兂,首笄也。俗作簪。"晁氏云:"古者礼冠未有簪名。然后人多从之。"(何氏楷云:"《盐铁论》'神禹治水遗簪不顾',非簪而何?然此亦汉时之书。三《礼》有笄无簪也。")盖师读既异而义亦各不同。惠氏曰："簪本作先，经传皆作笄。汉时始有簪名，侯氏之说非也。"(又曰："坤为土，坎为水，一阳倡而众阴应，若水土之相黏着，故云朋盍戠。王弼从京本讹为'簪'，后人又训为固冠之簪。")《礼说》曰："戠与得协韵，当从虞义。"段氏曰："古经无簪字。郑云速也，实寁之假借字。"寁、疌、摺同字，疌即寁，古宀、广通用。盖《古今字诂》今字作疌，古字作摺也。戠当以音为声，故与晉声，疌声为伍。经文之簪，古无释为笄者。《士丧礼》注："簪，连也。"然则此为鐕之叚借。经典此二字外无言"簪"者。

冥豫

《释文》云："冥，郑读为鸣。"

案：郑读与初同。鸣、冥声相近。

大亨贞

《释文》云："本又作'大亨利贞'。"足利古本有"利"字。

案：荀注作"利贞"，辅嗣注云："故大通利贞，乃得无咎。"是元本当有"利"字。

而天下随时随时之义大矣哉

《释文》云："'随时'，王肃本作'随之'，'随时之义'作'随之时义'。"晁氏《易》上句引陆绩与王同。

案：之、时，声之转，义并通。王作"随之时义"，是与别卦传言"时义"文同。（晁氏曰："王肃得之。"）项氏曰："据王肃本，则上'时'字为声之误，下'时'字为字之倒也。"或曰古"时"字从"㞢"，故之、时二字易杂，然则皆字之误也。

君子以嚮晦入宴息

《释文》云："嚮，本又作向，王肃本作鄉。"《文选·西都赋》注引同。

案：《说文》云："向，北出牖也。"《释名》曰："鄉，向也，众所向也。"汉时向多作鄉，故经传皆假鄉字为之。嚮，俗体。

官有渝

《释文》云："官，蜀才本作馆。"

案：官、馆，一声之转。正义曰："官谓执掌之职。"是与管义相近。惠氏曰："官，本古文馆。《穆天子传》云：'官人陈牲。'《聘礼》：'管人布幕于寝门外。'郑注云：'管犹馆也。古文管作官。'"

位正中也

《释文》云："一本作'中正'。"

案：依九四、上九，《象传》当作"正中"，与凶、功、穷音协。

君子以振民育德

《释文》云："育，王肃作毓，古育字。"《文选》注（《皇太子释奠会作诗》《辩命论》《孝武宣贵妃诔》）并引作"毓"。

案：《说文》育或从每作毓，则以毓为古文，非是。晁氏误同。

位当也

《释文》云："本或作'当位实'，非。"《集解》本作"当位实"。（惠校本改作"位当"，荀注同。）

案：陆氏以"位当"与上"当长"音协，故言"当位实"为非。然古读"实"如"至"，与下"谓内"亦协。《杂记》"某不禄使某实"注云："实当为至。"此周秦之人声之误也。顾氏云："实读去声，则神至反。"据荀、虞注，皆作"当位实也。"惠氏曰："阳为实，四正，故当位应初，故云实。"（《易述》作"当位实"。）

盥而不荐

《释文》云："不荐，王肃本作'观荐'。"（宋本作"而不观荐"，雅雨本、卢本同。）晁氏《易》引同。

案：辅嗣注云："至荐，简略不足观。"引《论语》"既灌而往，吾不欲观"为证。此本马融说，虞义亦同。《正义》本王注作"不观荐"。（《集解》引无观字。）则《释文》所引王肃本当有"不"字，今误脱耳。

观天之神道

唐石经"神道"下旁注"日月不过"四字。

案：诸家本无此四字。此依《豫》卦旁增，非是。钱氏曰："石本增加字，皆北宋人所作。"

阚观

《释文》云："阚，本亦作窥。"（《丰》"阚其户"，《说文·新坿》引作窥。）

案：《说文》云："阚，闪也。""窥，小视也。"义略异。《礼运》释文云："窥，本作阚。"今二字多通用。

尚宾也

晁氏《易》云："尚，京、陆绩作上。"（《小过》"已上也"，《释文》："上，郑作尚，云庶几也。"）

案：《仪礼·乡射礼》注云："今文上作尚。"《觐礼》注："古文尚为上。"则"上"为古文，"尚"今文。经典上、尚二字通用。

雷电噬嗑

《玩辞》引汉石经作"电雷"。（张氏清子引同。）

案：晁公武云："六十四卦、《大象》无倒置者。"程、朱说同。据宋衷、侯果俱作"雷电"。宋在后汉时，亦不与石经同。

先王以明罚勑法

《释文》云："勑，此俗字。《字林》作勅。郑云：勑（《音训》引作敕），犹理也，一曰整也。"《汉·艺文志》引作"饬法"，《叙传》注引作"敕"。

案：《说文》云："敕，诫也。""饬，致坚也，读若敕。""勑，劳也。"无勅字。《释诂》曰："敕，劳也。"郭注云："以相约敕，亦为劳。"《释文》："敕本又作飭。"《说文》《字林》来旁作力，是"劳来"之字。束旁作攴，是始音丑力反。（下劳来，勤也。《释文》："来本又作勑，力代反，或作赉。"）《五帝本纪》："信饬百官。"徐广曰："饬，古勅字。"《汉·高后纪》："匡饬天下。"师古曰："饬读与勅同。"（《武帝纪》注：勅作敕。《史》《汉》多作饬字。）据许书，"饬"与"敕"义略相近，"读若"字亦可通用。郑云"犹理"，与饬义同。后人当以《尔雅》"敕"训"劳"，因改"敕"为"勑"，误也。沿袭既久，莫能订正。（毛氏《六经正误》云："勅法，监本误作敕，旧作勑。是转以敕为误，甚缪。"）顾氏曰："勅者，自上命下之辞。《前汉》皆作敕，《后汉书》始变为勅。"《五经文字》云："敕，古勅字，今相承皆作勅。"张氏弨曰："敕初讹作勑，再讹作勅，则为洛代切之别一字矣。"惠氏曰："古字省，多借饬为敕，或作饰。"（谢氏墉曰："饰与饬、勅古皆通用。勑音赉。然汉已来亦即作勅字用。"）

屦校灭趾

足利古本"屦"作"履"。（《象》、《系辞》同宋本，亦作履。）《释文》"趾"作"止"，云："本亦作趾，足也。"（《系辞》同。《贲》"贲其趾"，《释文》："趾一本作止。"《夬》"壮于前趾"、《艮》"艮其趾"，《释文》并云"荀作止"。）

案：《列子·黄帝·释文》云："屦一作履。"文义虽通，此当以字形相乱。《诗》"四之日举趾"，《汉·食货志》引作"举止"。《士昏礼》"北止"注云："止，足也。古文止为趾。"《说文》云："止，下基也。象草木出有址，故以止为足。"后人增加足旁。足部无趾字。晁氏曰："止，古文。"

不行也

《释文》云："本或作'止不行也'。"

案：疏云"小惩大诫，故罪过止息不行也"，是《正义》本当有"止"字。

噬干胏

《说文》肉部引作"干𦞢"，云"食所遗也。杨雄说：从𠧪作胏。"《释文》云："胏，子夏作脯。荀、董同。"《初学记》（廿六）、《太平御览》（八百六十二）引王肃说作"脯"，云"骨在干肉，脯之象。"

案：《说文》作"𦞢"，孟氏《易》当如此。杨雄说当本

《训纂篇》。《字林》云："含（卢本改㱴），食所遗也。"此从许义。马云："有骨谓之胏。"《广雅》："胏，脯也。"是与脯义通。惟郑云："胏，簀也。"其义为异。（段氏曰："郑假胏为第。"）

何校灭耳

《释文》云："何，本亦作荷。王肃云：荷，担。"（《大畜》"何天之衢"、《文选·鲁灵光殿赋》作"荷"，注引郑义同。）足利古本作"荷"。（《象》、《系辞》同。）

案：《诗》"百禄是何"，《左氏》隐三年传引作"荷"。《说文》："何，儋也。"俗通假作"荷"，何、荷古今字。

贲

《释文》："傅氏云：贲，古斑字，文章貌。郑云：变也，文饰之貌。"

案：《京易传》曰："五色不成谓之贲，文彩杂也。"《吕览·壹行》注云："贲，色不纯也。"《说文》："辬，驳文也。"《广韵》云："辬，同斑。"（《说文》玨部别无斑字）是皆有驳杂之义。（《广雅》："辬，文也。"）故古或以贲为斑字，贲、斑又声相近，（高诱、曹宪"贲"皆读"奔"。）王肃读符文反，亦同。惠氏谓傅氏以贲为斑，未闻其说，殆未审音近义同之旨也。

君子以明庶政

《释文》云："明，蜀才本作命。"（《下系》"系辞焉而命之"，《释文》："命，孟作明。"）

案：《淮南·俶眞》云："命得性而后明。"明、命，声之转，字亦相通。

义弗乘也

晁氏《易》云："弗，郑、王作不。"

案：《士昏礼记》注云："古文弗为不。"《公羊》僖廿六年传注云："弗者，不之深者也。"古书二字多通用，亦声相近。（段氏曰："弗与不，音义皆殊，不轻弗重。俗韵书谓不同弗，非是。）

贲如须如

晁氏《易》云："需，今文作嬬，贱妾也。"（《归妹》"归妹以须"，《释文》："须，荀、陆作嬬。陆云：妾也。"晁氏《易》云："《子夏传》、孟、京作嬬，云：媵之妾也。古文作须。一行云：须，亦贱女也。与《贲》同。"）

案：辅嗣注："须，如字。"（《归妹》训待）嬬与须音同，据诸家说，是须为假借字。《说文》："嬬，一曰下妻也。"故荀、陆训为"妾"。嬬，即嬬之隶变。

贲如皤如

《释文》云："皤，郑陆作蟠。（旧作燔，误。王氏、郑易同。）音烦。荀作波。"

案：《檀弓》疏引郑注云："四欲饰以适初，进退未定，故蟠如。"（旧本蟠作皤，非。）蟠一读如"波"，故荀假作"波"。董音槃，云"马作足横行曰皤"，义与郑略同，声亦相近。顾氏曰："案：此句与下翰如为韵，当从郑、陆为是。蔡邕《述行赋》'乘马蟠而不进兮，心郁悒而愤思'，即此字。"

贲于丘园束帛戋戋

《释文》云："贲，黄本作世。戋戋，《子夏传》作残残。"

案：世，小篆作卋，与卉形相似，或"贲"省脱下"贝"之讹。（卢氏曰："世字难晓，或贲字之讹。"非。）《考工记·鲍人》注《释文》云："戋，依字才丹反，马融音浅，干宝为残，与《周易》'戋戋'之字同。"《周礼》注"残余"字本多作"戋"，虞注戋亦读为"残"（《释文》音同）。《说文》云："戋，贼也。"徐锴曰："兵多则残也。"是"戋"本有"残"义。《槀人》注《释文》云："戋本亦作残。"故并音昨干切。（汉《胶东令王君廞门碑》"束帛有琖"，此又通为戋字。）段氏曰："戋与残，音义皆同。"子夏作"残残"，是殇余之意也。（富孙案：马、虞云"委积貌"，是断残而多之义。）

蔑贞凶

《释文》云:"蔑,荀作灭。"

案:《释文》云:"蔑犹削也（本王注）,楚俗有'削蔑'之言。马云:无也。"《集解》引虞云（惠校本作"卢氏"）:"蔑,灭也。"《文选·邻里相送方山诗》"音尘慰寂蔑"注云:"蔑一作灭。"是灭与蔑音义同。段氏曰:"《说文》:'懱,轻易也。'谓轻易人蔑视之也。"郑云轻慢,此谓即"懱"之叚借也。

剥之无咎

《释文》作"剥无咎",云:"一本作'剥之',非。"晁氏《易》云:"京、刘、荀爽、一行皆无'之'字。"

案:古本当无"之"字,与"讼元吉"、"无妄往吉"一例。以"之"字连下"无咎"读,爻无此例。绎辅嗣注似亦同。唐石经作"剥之",依今《正义》本也。项氏引《释文》云:"然则有'之'字者,盖因《小象》'之'字而误增爻词也。"《小象》设问,剥之所以无咎,则不得不用'之'字。爻词无问答,何以'之'为。"

剥床以肤

《释文》云:"肤,京作簠,谓祭器。"

案:肤、簠,声之转。京既作簠,故训为祭器。京多言互体,《剥》四爻变,约象为坎,《坎》四言簋、缶,是以此亦取簠象。胡氏铨曰："《易》于《剥》《坎》取象簠簋，以精意寓焉。"

朋来

《释文》云："朋，京作崩。"（旧作萠，讹。）《汉·五行志》引作"崩来"。

案：《汉志》引京传云："自上下者为崩。（京《易》谓《剥》艮上爻反初。）厥应泰山之石颠而下。"《左氏》僖九年传"齐隰朋"，《齐世家》徐广注云："朋或作崩也。"崩与朋合，音相近。《周礼·士师》"为邦朋"注云："故书朋作傰。"《管子·幼官》刘绩注云："傰即朋字。"是崩、朋古通，惟义各异。惠氏曰："阳极于艮，艮为石，入坤出震，从艮上而反震初，有崩来之象。"

无祇悔

《释文》云："祇（宋本作祗），辞也。马同，王肃作禔。陆云：禔，安也。九家本作㩼字，音支。"唐石经作"祇"。

案：祇，郑训"病"，韩训"大"，皆因文生义。京、刘、一行"祇"训"安"。陆、王作"禔"，是与《坎》五"禔"字同。《广雅》云："㩼，多也。"《文选·西京赋》云："炙炰伙清酤㩼。"《左传》襄廿九年疏引作"多"，古祇字或作多，故九家作㩼。顾氏曰："古人多、祇二字通用。《左传》'多见疏也'，服虔本作祇（今本同），云适也，晋宋杜本作多。《论语》'多见其不知量也'，正义云'古人多、祇同音'。"

频复

《释文》云："频本又作嚬，（《巽》频巽，足利古本一作嚬。）嚬眉也。郑作顰（《音训》引作卑），音同。马云：忧频也。"

案：《说文》云："颦，水厓。人所宾附，颦蹙不前而止。"顰涉水，顰蹙，是频与顰音义相同。嚬，俗字。郑作卑，诸家作频，是皆从顰省借。晁氏曰："卑，古文频字。今文作顰。"（案：顰本从卑声，此借声作卑。）惠氏曰："频，古顰字。"〔又曰："训频为蹙，古训也。至后汉末始有"频频"之语，见于《广雅》。先秦诸子之书，独《列子》云"往来之频"，明后人乱之，不足信也。"（此见《集解》本评注）〕

有灾眚

《释文》作"灾"，云："本又作災，郑作烖。"

案：《说文》"烖"或作"灾"，籀文作災，古文作𤆎，此字今鲜用之。

无妄

《史记·春申君传》作"毋望。"正义曰："犹不望而忽至也。"

案：毋、无，古字通。《释文》云："马、郑、王肃皆云：

妄，犹望，谓无所希望也。"《汉·谷永传》："遭无望之卦运。"应劭曰："无妄者，无所望也。万物无所望于天，灾异之最大者也。"此皆从史公谊，以"妄"为"望"也。（虞训妄为亡，以京说为非。）

天命不祐

《释文》作"佑"，云："本又作祐。马作右，谓天下不右行。"（《损》"自上祐也"，《释文》："祐本亦作佑。"《系辞》"可与祐神矣"，《释文》："祐，荀作侑。"《下系》"自天祐之"，《释文》："本亦作佑。"）

案：今"佐佑"字古只作"左右"。（古左右作"ナ又"。）《说文》祐、右并云"助也"，二字音义同。虞训"助"，以马说为非。《汉·李寻传》颜注云："右读曰祐。"但师承既异，而文义亦因之。《周礼·太祝》注云："右读为侑。"《有司彻》注云："古文右作侑。"故荀《系辞传》又作"侑"。［惠氏士奇曰："右与祐通，义与侑同。虞翻云：'口助称祐。礼器所谓诏侑者，非口助而何？'则祐与侑其义同。"（栋曰："荀作侑，谓如祭祀而侑神也。"）］

笃实辉光日新其德

《释文》"辉"作"煇"，云："郑以日新绝句。"《集解》本同。唐石经作"煇"，汉《度尚碑》云"晖光日新"。（《未济》"其晖吉也"，《释文》："晖又作辉。"）

案：煇、辉、晖三字同音，义并通。（《说文》无辉字，此俗体。）《度尚碑》读正与郑合。（虞读亦同，惟王弼异。）惠氏曰："依此读文理两顺，且叶古音。"

能止健

《集解》引虞作"健止"，云："旧读言能止健，误。"

案：卦乾下艮上，上刚健谓乾，笃实谓艮。是先言下卦，二五并失位。虞云："二五易位，故大正。"惠氏曰："《彖传》之例，先下而上，旧读'止健'，不合象例。"

君子以多识前言往行

《释文》云："识，刘作志。"《潜夫论》同。《集解》引虞云："坎为志。"（惠校本经文改作"志"。）

案：《论语》"多见而识之"，《白虎通·礼乐》引作"志贤者识其大者，不贤者识其小者。"《汉·刘歆传》引并作"志"。蔡邕《石经》同。《周礼·保章氏》注云："志，古文识。"《礼运》注："志谓识，古文。"《晋语》韦注云："志，识也。"志、识，古皆通用。《说文》不载志字，当以其即古文"识"也。（今本志字，徐铉所增十九文之一。钱氏曰："志当是识之重文。后来转写脱去。"）贾氏公彦曰："古之文字少，志意之'志'，与记识之'识'同。后代自有记识之字，不复以志为识。"

良马逐

《释文》云:"郑本作逐逐,云两马走也。姚云:逐逐,疾并驱之貌。"《颜氏家训·书证》引同。

案:颜氏又引《左传》"以其良马"二则,是从郑义,古本当如此。(《汉·五行志》引京《易传》,与今本同。)晁氏曰:"王昭素谓当作逐逐。"

曰闲舆卫

《释文》云:"曰,刘云:犹言也。郑人实反,云:日习车徒。"《集解》本作"日"。

案:《士丧礼》注云:"古文曰为日。"盖曰、日字形相似。虞云:"离为日。"据义郑读为长。

童牛之牿

《说文》告部引作"僮牛之告",云:"牛触人(《释文》引脱"人"字),角箸横木,所以告人也。"《释文》云:"童,《广》《苍》作犝。(《音训》引云:"《说文》同,当误。今本无此三字。")刘云:童妾也。"牿,陆云"当作角",九家作"告"。晁氏《易》云:"郑作角。"

案:《尔雅》"犝牛",邢疏以为即此"童牛",无角牛名也。《说文》"犝"为新附字,云"古通用僮",故许作僮。刘云"童妾",古二字多相乱。郑志泠刚问作"梏"。《集解》引虞云"牿，（惠校本改作"告"，经文同。）谓以木楅其角。巽为绳，绳缚小木，横着牛角。"则亦作"楅"解。告、楅、角，皆声相近。《说文》云："牿，牛马牢也。"刘歆曰："牿之言角也。"是训从楅义而字作牿，当讹。惠氏曰："《释名》：牛羊之无角者曰童。童牛无角，是楅施于前足。许、郑二说近之今作牿者，非。"段氏曰："九家、许、郑、刘、陆不训牢也。如许说，则告即楅衡也。《广韵》告古沃切，音转古到切。"

豮豕之牙

《释文》云："牙，郑读为互。"

案：《周礼》："牛人共其牛牲之互。"（先郑云：互谓楅衡之属。后郑谓互若今屠家县肉格。）徐音牙。《楚茨传》"或陈于互"，《正义》引《周礼》并误作"牙"。《汉·刘向传》云："宗族盘互。"师古曰："字或作牙，谓若犬牙相交入之意。"（《谷永传》注同）盖因俗以乐为互字，（唐人书碑互并为乐）后转而为牙。陈祥道《礼书》谓互、牙古字通用，其实以形似相乱也。郑读为"互"，当即本先郑之说。

观我朵颐

《释文》云："朵，京作揣。"（卢本从宋本、钱本作"揣"。云旧从木，讹。《音训》引作"揣"，《集韵》引京同。）晁氏《易》云："京作揣，与朵同音，动也。"刘亦作"揣"。揣颐，多辨也。

案：《说文》云："朵，树木垂朵朵也。""椯，箠也。一曰揣度也。"二字义别。《释文》："朵，动也。郑同。"《玉篇》云："耑，垂貌。"《集韵》："耑，动也。一曰垂貌。"朵、耑音同，京、郑并训为"动"，则椯为耑之讹。椯无垂动义。丁度在北宋时当不误。（钱氏云："《说文》椯即朵颐之朵，亦非。"案：《广韵》："揣，摇也。""稵，禾垂貌。"并音朵。宋本作"揣"，或本作"稵"，转写误从木。）

颠颐拂经

《释文》云："拂，《子夏传》作弗。云：辅弼也。"《玉篇》口部引作咈，云"违也"。晁氏《易》云："刘表、一行作弗，下同。弗，古弼字。"

案：《孟子》"法家拂士"赵注云："辅弼之士。"《音义》："拂，音弼。"子夏从省作"弗"，训为"辅弼"，亦别一义。《说文》云："拂，过击也。"《书》"拂其耉长"，《说文》引作"咈"，训"违"，与《玉篇》义正同。段氏曰："今《易》作拂，盖误。"

虎视眈眈

《周礼·叙官·大师》注作"虎眡"，疏引同。汉《竹邑侯相张寿碑》作"覩覩虎视"。

案：《说文》"视"古文作"眡"，亦作"眎"，《周礼》从古文字。《说文》云："耽，视近而志远。"引《易》作此。

"覞，内视也。"是同音通借。钱氏曰："覞与眈，音同而义亦相近。"王辅嗣释"眈眈"以为威而不猛，此碑云"不折其节"，意亦相类也。

其欲逐逐

《释文》云："逐逐，《子夏传》作攸攸。《志林》（旧作《字林》，误。）云：攸当为逐。苏林音迪。荀作悠悠，刘作跾，云远也。"《汉书·叙传》作"其欲浟浟"，颜注引《易》同，云："浟浟，欲利之貌。"

案："攸"苏林音"迪"，古攸、倐通。《书》"篠簜"，《说文》作"筱簜"。條从攸声，滌从條声，盖條音转为徒历切。（《周礼》"條狼氏"，杜注條为滌，《蔡湛颂》"萧滌而云消"，此又以滌为涤。）悠、跾、浟皆从攸得声，故诸家以声近形似而异，其义亦不同。钱氏曰："苏林音攸为迪，迪、逐声相近。"（程氏瑶田曰："逐字古有滌音。"臧氏曰："《说文》'跾，疾也'一训与薛云'速也'合。'长也'一训与刘云'远也'合。""贪利则欲速而志高远"，此字当从刘表作"跾"。攸、悠皆借用同声字。浟亦攸之俗。可见本不作逐，虞喜说妄也。）

本末弱也

《释文》云："弱，本亦作溺。并依字读。"

案：《书》"导弱水"，《说文》引作"溺水"。是弱本亦作溺，俗"沉溺"字古作㲻，今溺与弱分为二字矣。（《春秋》昭八年"陈侯溺",《陈世家》作"弱",是亦通。)晁氏云:"溺,古文弱字。"

遯世无闷

《释文》云:"遯,本又作遁。"(下经《遯》,《释文》:"字又作遂,又作遁。""肥遯",汉碑《老子铭》作"遁"。)

案:《说文》云:"遯,逃也。""遁,迁也。"二字义异。《仪礼》注"逡遁"字,《释文》:"遁,音旬,义与训迁合。"(《匡谬正俗》云:"遁为巡字。")《玉篇》云:"遁,逃也。"《娄寿碑》"遁世无闷",此隶字通假用。陆氏《释文》于遯、遁二字亦溷而无辨。《归藏易》遯卦字作遂。《郑烈碑》"遂而不闷",当为遯之省变。惠氏曰:"遁,读徒困反,非也。古逡巡字皆作逡遁,又作逡循。顾氏炎武论之详矣。"段氏曰:"遁字古音同循,迁延之意。凡逡遁字如此,今之逡巡也。《仪礼》郑注'用逡遁十有一'。《说文》:遁,一曰逃也。以遁同遯,盖浅人所增。"(富孙案:钱氏曰:遯与遁,古字通。亦据后而言。)

枯杨生稊

《释文》云:"枯,郑音姑,谓无姑山榆。稊,郑作荑。荑木更生,音夷,山榆之实。"《后汉·方术·徐登传》注引作"生荑"。(晁氏《易》云:"枯杨生华,郑亦作荑。")

案:《释木》曰:"无姑,其实夷。"《周礼·壶涿氏》谓之"牡橭",杜子春云:"橭读为枯。枯,榆木名。"是姑与枯读同,故郑训为"无姑"。（惠氏士奇曰："郑读枯为姑，盖枯即楛之省。俗读为枯槁，失之。"）夷与荑，字亦通。郭注谓"芜荑"。《周礼》"稻人而芟荑之"，先郑引《春秋传》"芟荑蕰崇之"。今《左传》亦作夷。《孟子》"不如荑稗"，《长短经》作"稊"。《文选·风赋》"被荑杨"李善注引《易》云："稊与荑同。"刘琨《劝进表》"生繁华于枯荑"注同。但此与郑义异耳。[《六经正误》云："稊字从木，作稊，误。稊，稚也，本根再生稚条也。从禾者稊稗之稊。"（惠氏《易述》改作梯）朱氏良裘曰："案：石经从禾。《五经文字》曰：稊，秀也，见《易》。《正误》之说，未知何据。"]

习坎

《释文》云："坎，本亦作埳。京、刘作欿，险也，陷也。"

案：《玉篇》："埳同坎。"此俗体字。《广雅》云："埳，陷也。欿，窨坑也。"《诗》"坎坎伐轮兮"，汉鲁诗、石经作"欿欿"。《左氏》襄廿六年传"欿用牲，加书"，昭六年传作"坎"（十三年传同）。《说文》："欿，欲得也，读若贪。"则亦为坎之叚字。

天险不可升也

《文选·江赋》注引作"天崄"。（下"地险"同。）后周《华岳讼》引作"不可阩"。

案：崄当为险之别体。《集韵》："阩，登也。"此亦俗加偏旁字。

王公设险以守其国

《吴志·三嗣主传》注、陆机《辨亡论》引作"王侯"。

案：《周礼·弁师》注云："侯，当为公字之误也。"此公、侯二字义皆通。

水洊至

《释文》云："洊，京作臻。干作荐。"（钱本、雅雨本作"薦"。）《释言》郭注引作"荐"。

案：《说文》云："瀳，水至也，读若尊。"此洊之本字。《释诂》曰："薦，挚臻也。"《释言》曰："荐，再也。"《释天》："仍饥为荐。"《释文》云："李本作薦。"《诗》"饥馑薦臻"毛训为"重"。疏云："薦与荐，字异义同。"《春秋繁露》引作"洊臻"。是三字文虽异而义并通。段氏曰："《广韵》：水荒曰洊。洊者，瀳之异文。荐同洊。"

险且枕

《释文》云："险，古文及郑、向本作检。郑云：木在手曰检，木在首曰枕。枕，九家作玷，古文作沈。"（《音训》引云：薛同。）晁氏《易》云："险，按象数当作检枕。干宝作桉（今《集解》引作枕），安也。"

案：检、险，形声相似。枕，九家作玷，亦声之转。或假玷为垫。溺字古文作沈，陆音直林反。《说文》云："沈，陵上滈水，一曰浊黓也。"经典通为"湛没"字，二义正同。（惠氏曰："古文是读为沈溺之沈。"）陆绩云："枕，闲碍险害之貌。"辅嗣注："枝而不安，同此意。"晁氏引干作"桉"，或字之误。

樽酒

《礼器》注"樽"引作"尊"。

案：《说文》云："尊，酒器也。从酋，廾以奉之。"或从寸作尊。今本作樽，俗字。

纳约自牖

晁氏《易》云："纳，京、一行作内，云：内自约束。"《集解》引虞云："坎为纳。"（惠校本改作内，经文同。）《释文》云："牖，陆作诱。"

案：《周礼·钟师》"纳夏"注云："故书纳作内。"杜子春云："内当为纳。"《书》"百里赋纳总"，《汉·地理志》作"内总"。盖古纳字皆作内，《史》《汉》犹然。《曲礼》注云："纳，内也。"义同。京、一行则不谓纳字。《诗》"牖民孔易"，《乐记》引作"诱"，《韩诗外传》同。《说文》羑为古文诱字，崔憬云："文王从羑里纳约，卒免于难。"《淮南子》亦作"羑里"。《书大传》、《汉·司马迁传》、《后汉·史弼传》皆作"牖里"。《诗》正义曰："牖与诱，古字通用。"（《诗·野有死麕》传云："诱，道也。"《版传》云："牖，道也。"是同音通，故字异而义同。)

樽酒簋贰

《释文》无"贰"字,云:"一本更有贰字。"《集解》本、唐石经与今本同。

案:陆氏从旧读,"尊酒簋"句,"贰用缶"句。(晁氏曰:"京、刘、虞皆以贰用缶为句。")故《象传》无贰字,然以"簋贰"为句义长。何氏曰:"贰,副也。谓尊酒而副以簋也。礼:天子大臣出会诸侯,主国尊椻簋副是也。"

祇既平

《说文》示部"祇"引作"禔",云:"安福也。"(晁氏引同。《文选》注、《索隐》并引作"禔,安也"。)《释文》云:"祇,郑云当为坻,小邱也。京作禔。"唐石经作"祇"。

案:许从孟氏《易》,京房受《易》焦赣。焦尝从孟喜问《易》,故皆作"禔"。陆氏云"安也",则今《说文》注"福"字当衍。京、许义自不可易。虞训安亦是从禔。郑训为"坻",以"祇"为"坻"之叚借。唐石经作祇,是从训适之义也。钱氏曰:"《史记·韩长孺传》'禔取辱耳'徐广注:禔一作祇。"案:《汉书》亦作祇。禔、祇古通用。(富孙案:《史记》当假禔为祇。)段氏曰:"京、许同作禔。祇即禔之叚借。"《说文》"緹"或作"祇",古"氏"与"是"同用,故是声亦从氏声。"祇"与衣部"祇"大别,彼训短衣,从氏声。《唐石经·诗》

69

"祇搅我心"、"亦祇以异",《左传》"祇见疏也",《论语》"亦祇以异",及凡训"适"之字,皆从衣氏。《五经文字》衣部:"祇,止移切,适也。"《玉篇》《广韵》同。旧字相承,可据如是。至《集韵》始从示,《类篇》则祇、祇皆训"适"。《韵会》从示之"祇"训"适",此皆讹也。

繫用徽纆寘于丛棘

《周礼·朝士》注引作"係用徽纆,示于丛棘"。《穀梁》宣二年传注引作"继用"。(一本寘亦作示。)疏云:"《易》本继作係。"(《遯》"係遯",《释文》:"係本或作繫。"晁氏《易》云:"古文作系。")《释文》云:"寘,置也。刘作示,言众议于九棘之下也。《子夏传》作湜。姚作寔。寔,置也。张作置。"

案:《释诂》曰:"係,继也。"是二字音近义同。《诗》"何彼襛矣",《小序》《释文》云:"繫,本或作继。"《说文》曰:"係,絜束也。""繫,系纑也。一曰恶絮。""系,县也。"三字义各异。今俗係通用繫,或用系,皆非本字。示与寘,古本通。《诗》"示我周行"笺云:"示当作寘,置也。"《中庸》注云:"示读如寘,河干之寘。"(《荀子·大略》注:"示读为寘。")寘、示,声之转。(《鹿鸣》疏云:示、寘声相近,古者寘、示同读。)湜、寔与示又音相近。湜当亦寔之叚字,姚、张义并同。(钱氏坫曰:"古字无寘。据姚信则寘即寔之异文。")段氏曰:"许谓繫即牵离、恶絮之名。《易·系辞》据《释文》

本作毄。考古经若《周礼·司门》、《校人》字皆作毄。《汉·景帝纪》亦用毄。盖古假毄为系，后人尽改为繫耳。"

百谷草木丽乎土

《说文》艸部引作"蘿（段氏本仍作丽，《释文》引作蘿。）于地"。（此依宋本。今毛氏本作土。）云："草木相附蘿土而生。"《玉篇》引作"蘿乎地"，云"本亦作丽"。《释文》云："土，王肃本作地。"晁氏《易》云："一行作地。"《众经音义》（六）引同。

案：陆氏所见本《说文》作"蘿"，故希冯所引亦同，云"本亦作丽"，谓《易》别本或作"丽"。段氏据赵氏抄宋本作"丽"，谓此引《易·象传》说，从草丽之意。"丰其屋"说从宀丰，皆论证字形，以陆氏引《说文》作蘿、作寷为缪。土字诸家作"地"，当为古本。（《论衡》引曰："日月星辰丽乎天，百果草木丽于土。"谷、果亦音相近。）

日昃之离

《说文》日部引作"日厢"，云："日在西方时侧也。"（徐铉曰："今俗别作昃，非是。"）《释文》云："王嗣宗本作仄。"（《丰》"日中则昃"，《吕览·慎大》注引作"仄"。）

案：《周礼·司市》"日厢而市"，此尚存古字。《书》"朝至于日中昃"（《释文》本亦作"仄"），《汉·薛宣传》作"日仄"，师古注引作"仄"，云"古侧字"，《仪礼·既夕》作"日侧"。(《考工记·车人》注:"故书仄为侧。")《玉篇》:"昃,日昳也。昗同。"此皆俗体。《广韵》云:"厊,日在西方。""昃,日昗。""仄,侧倾也。"又以厊与昃为二,非。古昃与仄、侧相叚借,而厊字不行矣。

不鼓缶而歌则大耋之嗟凶

《释文》云:"鼓,郑作击。耋,京作絰,蜀才作咥。嗟,荀作差,下'嗟若'同。古文及郑无'凶'字。"

案:《说文》云:"鼔,击鼓也。"与钟鼓字文义皆异。《诗》"弗鼓弗考",《释文》:"鼓本或作击。"《文选·河阳县作诗》注引作"击"。今俗与鼓字淆溷已久,絰、咥亦以形声相似而乱。嗟,《说文》作䣫,今作差,当从省。(《诗》"谷旦于差",《释文》《韩诗》作"嗟",是亦通。)

突如其来如

《说文》云部云:"去,不顺忽出也。《易》曰'突如其来如',不孝子突出,不容于内也。或作㐬,从倒古文子,即《易》突字。"(此四字段氏本移于"内也"之下,作"去即《易》突字也"。)晁氏《易》云:"京、郑皆作㐬。"(依段氏当作去)《周礼·秋官》疏引郑注同。

案:《说文》去为正字,㐬或体字。㚘部云:"㐬,突忽也。"今作突,叚借字也。(《系传》云:"去即为突字。"《六书正讹》云："厷俗用突,乃灶囱也。"是误仞突为突字①。)段氏曰:"郑注云:突如,震之失正,不知其所,如不孝之罪。五刑,虞大,故有焚如、死如、弃如之刑。如淳注《王莽传》亦云'谓不孝子也',皆与许合。许盖出于孟氏《易》。"突之本义谓犬从穴中暂出,厷之本义谓不顺。此用叚借也。近惠氏校李鼎祚《易解》,改作"厷如",则为纰缪矣。

出涕沱若戚嗟若

《释文》云:"沱,荀作池,一本作沲。㖟,(此从《音训》。宋本、卢本同。旧作若,误。)古文'若'皆如此。戚,《子夏传》作嘁,咨惭也。"

案:《说文》云:"沱,江别流也。"徐铉曰:"沱沼之沱,通用此沱。"今别作池,非是。《职方氏》"其川虖池",《礼器》作"恶池"。《战国策》"南有嘑沱",《汉·地理志》、《水经注》皆作"沱",《山海经》作"池",是池与沱古通用。池又俗体如蛇,隶变作蚺,又俗作虵。《说文》㖟字为叒籀文,今叒本作若。《斥彰长田君》残碑云:"养善㖟春阳。"此即为若字。嘁当亦俗体,盖《子夏传》或为后人从俗转写耳。(《释文》云:"子夏《易》,《七略》云:汉兴,韩婴传中经《簿录》,云丁宽所作。张璠云:或馯臂子弓所作,薛虞记。")

---

① 今按,"仞"当为"认"字之误。

离王公也

《释文》云:"离,郑作丽。王肃云:丽,王者之后为公。"(《兑》"丽泽",《释文》:"郑作离。")

案:《彖传》曰:"离,丽也。"(《说文》《序卦》同。)《太元》注云:"离,附丽也。"《乡饮酒礼》"歌鱼丽",《释文》云:"丽,本或作离。"司马相如《大人赋》"前长离而后矞皇",《汉·礼乐志》作"长丽"二字,音转义同。《文选·为贾谧作诗》注云:"离与丽,古字通。"惠氏曰:"《洪范》'不罹于咎',《史记》引作'离',《尚书大传》引作'丽',古字并通。"

以正邦也

《释文》云:"王肃本下更有'获匪其丑,大有功也'。"

案:王肃本与诸家多有同异,未知所从何本。朱氏震曰:"此疑今本脱之。"(案:《系辞》"而成位其中",《释文》:"马、王肃作'而易成位',亦可从。惠校《集解》增"易"字。)

易经异文释三

嘉兴李富孙芗沚 著

咸其拇

《释文》云:"拇,子夏作踇,荀作母,云阴位之尊。"(《解》"解而拇",《释文》:"拇,荀作母。")

案:马、郑、虞、薛皆云:"拇,足大指也。"踇为拇之别体。《说文》云:"拇,将指也。"故王肃《解》卦注谓"手大指"。母,亦拇之省,当为古文。惠氏曰:"《说卦》坤为母,母、拇同物。"(校《集解》本、《易述》并改作母。)

咸其腓

《释文》云:"腓,荀作肥,云:谓五也,尊盛故称肥。"(《艮》"艮其腓",《释文》:"腓,本又作肥。")

案:《说文》云:"腓,胫腨也。"肥与腓音同,但文异,而其义亦别。段氏曰:"郑云:腓,膊肠也。或言腓肠(王虞说),谓胫骨后之肉也。腓之言肥,似中有肠者。然荀作肥,此以意改字耳。"

憧憧往来

《释文》云:"憧,京作㠉。《字林》云:㠉,迟也。"(《系辞》"憧憧往来",《释文》:"憧,本又作㠉。")

案:《说文》:"憧,意不定也。""㠉",《字林》义同。古童旁、重旁恒以形似易杂,如穜、种二字乱之久矣。(《檀弓》"重汪踦"注云:"重皆当为童。"《春秋传》曰"童汪踦"。)钱氏坫曰:"㠉,假字。"

咸其脢

晁氏《易》云:"脢或作脄,作䐈,作䏣。"

案:《子夏传》云:"在脊曰脢。"马云:"背也。"郑云:"脊肉也。"《说文》云:"背肉也。"王肃云:"脢在背而夹脊。"虽诸家所训略异,然皆作脢字,大体谓脊背,其义相同。脄、䏣当为俗体字。王肃脢又音灰,与䐈音相近。惠氏曰:"《楚辞·招魂》云:敦脄血拇。注云:脄,背也。脄与脢同。"

咸其辅颊舌

《释文》云:"辅,虞作酺,云耳目之间。颊,孟作俠。"

案:《说文》云:"酺,颊也。"是酺为本字,辅同音假借字。俠,义与夹通。(段氏曰:"古多叚俠为夹。")《士丧礼》:"妇人俠床。"《公羊》哀四年传注云:"滕薛俠穀。"并义同夹。《春秋》定九年"会于夹谷",《公》《穀》皆作颊。则俠亦通叚字。惠氏曰："《玉篇》引《左氏传》云'酺车相依'，是酺与辅同。辅所以持口，颊所以含物。"孔颖达云："辅、颊、舌三者并言，则各为一物。"明"辅"近颊而非颊。虞以"权"为"辅"，许以"辅"为颊，皆失之。

滕口说也

《释文》云："滕，九家作乘，虞作媵。郑云：送也。"《正义》引郑亦作"媵"。（宋本作滕，误。）《集解》（惠校本经文改媵）、《玩辞》引虞说作"腾"。晁氏引同。

案：《正义》曰："旧说字作滕，滕，竞与也。所竞者口，无复心实。"乘与滕，音声相转，义亦通。《诗》"百川沸腾"，《玉篇》引作"沸滕"，是同音通用。《公食大夫礼》"众人腾羞者"注云："腾当作媵。"此又以字形易淆，故古今异字耳。惠氏曰："滕当读为腾。高诱、许慎皆训腾为传。媵，本古文腾字。《燕礼》'媵觚于宾'郑注云：媵，送也。今文媵皆作腾。"是媵与腾通。（又曰："今作滕，《释诂》：'滕，虚也。'言以虚辞相感。义亦得通。"富孙案：《仪礼》注所云"古文"、"今文"，是谓《仪礼》古本、今本，亦非籀古之古文也。）

浚恒

《释文》云："浚，郑作濬。"

案：《释言》："濬，深也。"《书》"濬川"，《太史公自序》作"浚川"。《公羊》庄九年传曰："浚之者，深之也。"《说文》

云："睿，深通川也，古文作濬。""浚，抒也。"言抒之使深也。《众经音义》（四）云："古文濬、濬二形今作浚，义并同。"

或承之羞

《释文》云："或，郑本作咸。"

案：《后汉·马廖传》注引郑说，仍作"或"解，当以字形相涉而异。

恒其德贞

《缁衣》引作"德侦"。

案：注云："侦，问也。问正为侦。妇人以问正为常德则吉。"疏云："侦，正也。"《周礼·天府》注云："问事之正曰贞。"郑司农云："贞，问也。"是贞、侦二字通。此篇为公孙尼子所作，《汉·艺文志》注云："七十子之弟子，其所见《易》当有作侦者。"《说文》新附有此字。

振恒

《说文》木部引作"榰恒"。《释文》云："振，张作震。"晁氏《易》云："虞作震。"（《未济》"震用伐鬼方"，晁氏《易》云："震，汉名臣奏作祇。"）陆希声谓"作振，本作寘"。

案：《书》"日严祇，敬六德"，《夏本纪》作"振"。"震动万民以迁"，蔡邕《石经》作"祇"。祇、振、震，皆声相近，许所据孟《易》作"榰"，云"榰，柱砥"，榰与祇同音。《五帝本纪》"振惊朕众"，今《书》作"震"。《荀子·正论》注云："振与震同。"寘、衹亦音之转，钱氏曰："古音支、眞两部相近，如振恒为榰恒、衹敬为振敬，是也。"

有疾惫也

《释文》云："惫，王肃作毖。荀作备。"（《既济》"惫也"，《释文》："陆作备，云当为惫。惫，困劣也。"）

案：郑注云："惫，困也。"《说文》作"憊"，或作"痛"。毖、惫声相近。《檀弓》《释文》云："毖亦作弊。"《广韵》："弊，困也。"字亦通备，或从省。《吕览·慎人》云："宰予备矣。"高诱曰："备，当作惫。惫，极也。"故陆于《既济》传云："当为惫也。"

肥遯

晁氏《易》云："陆希声本作'飞遯'。"

案：《淮南·九师道训》曰："遯而能飞，吉孰大焉。"《后汉·张衡传》"利飞遯以保名。"（《文选·思元赋》作"肥遯"。）《文选·七启》"飞遯离俗"章怀、六臣注引皆同。《金陵摄山碑》云："缅怀飞遯。"盖上变体，《小过》有飞鸟之象，故云"飞遯"。飞、肥，音之转。是唐以前本有作"飞遯"者。晁氏以为未知所据何也。（姚氏宽曰："肥字古作䏲，与古蜚字相似，即今之飞字。后世遂改为肥字。"富孙案：《子夏传》作"肥"，古字当有此二字之异。）

羸其角

《释文》云:"羸,王肃作缧,郑、虞作虆,蜀才作累,张作纍。"(《姤》"羸豕孚蹢躅"《释文》:"羸,陆读为累。"晁氏《易》云:"郑作虆。"《井》"羸其瓶"《释文》:"蜀才作累,郑读曰虆。")

案:《说文》云:"羸,瘦也。""纍,缀得理也。一曰大索也。""絫,增也。"《诗》"葛藟纍之",《释文》:"纍,字又作虆。"(《孟子》"虆梩"注:"笼臿之属。")马云:"羸,大索也。"疏云:"拘纍缠绕也。"是谓系纍其角而不能进。以羸为纍,此同音通假。(《姤》《井》羸字同。)缧、虆,别体字。累即絫之俗变,今又用为纍字。(《孟子》"系累"、《仲尼弟子传》"累绁"同。)惠氏曰:"《说文》纍,别一义与马训同,则羸当为纍。或古文以羸为纍,所未详也。"(富孙案:惠氏未悟六书叚借之旨,故云未详。《左传》杜注曰:"古字声同,皆相叚借。")

丧羊于易

《释文》云:"易,陆作埸,壃埸也。"

案:《汉·食货志》:"瓜瓠果蓏殖于疆易。"张晏注云:"至此易主,故曰易。"《诗·载芟》传云:"畛,埸也。"《释文》作"易",云:"本又作埸。"《说文》"埸"为新坿字,是古从省作"易"。《管子·富国》注云:"易与埸同。"以"易"为

"畺易"，视郑、王义较长，但亦不必改字。

晋

《说文》日部引作"𣊡"，云："进也，日出万物进。"《释文》云："晋，孟作齐。齐，子西反，义同。"

案：《释诂》释文云："晋，本又作𣊡。"盖古作𣊡，今作晋，是隶省变。陆音齐，子西反，则读为跻，与晋声相近。《乐记》"地气上齐"注云："齐读为跻，升也。"《孔子闲居》引《诗》"至于汤齐"，注云："《诗》读汤齐为汤跻。"（此当从三家说。）"圣敬日齐"，《诗》作跻。（《晋语》引同。）《毛传》云："跻，升也。"（《释诂》作"陞"，俗字。）《士虞礼记》注云："今文隮为齐。"（隮，俗跻字。）《吕览·孟秋》注："升，进也。"升即为进，故陆云义同。（项氏曰："晋，跻也。"杨氏慎曰："盖跻亦进也。"）许称《易》孟氏，此不从者，或以假用齐字为迂远。惠氏曰："𣊡周伯郤文鼎、𣊡姜鼎皆然。今作晋者，非也。古文奇字作㬜。"（富孙案：㬜字见《说文》茻部。）

康侯用锡马蕃庶

《释文》云："庶，郑（《音训》引作"郑读为遮"。）止奢反，谓蕃遮禽也。"

案：《韵补》"庶"又读之石切，与"遮"音相近，故郑读为"遮"。惠氏引《管子·侈靡篇》"六畜遮育，五谷遮熟"，谓"蕃遮犹蕃育也"。以"遮"作"育"解，则遮、育二字义复。彼注云"遮犹谷也",义亦异。郑意当谓"蕃"同"藩"。(《释文》:"蕃,郑发袁反。"王氏应麟谓读为藩遮。)遮为"遮迎"之义,顾氏曰:"《释名》:'庶,摭也。'庶音摭,遮亦音摭。《诗·楚茨》'以庶韵客',是也。"

昼日三接

《释文》云:"接,郑音捷,胜也。"

案:《左氏春秋》庄十二年:"宋万弑其君,捷。"《公羊》作"接"。贾逵云:"《公羊》《穀梁》曰接。"(今《穀梁》本作"捷"。《左》《穀》僖卅二年"郑伯捷"、文十四年"邾捷菑",《公羊》并作"接"。)《庄子·则阳》"接子",《汉·古今人表》作"捷"。《内则》"接以太牢",注云:"接读为捷,捷,胜也。"《曾子问》疏云:"接,捷也。"是接与捷通,故郑读从之。

君子以自昭明德

《正义》云:"昭,周氏等为照,以为自照己身。《老子》曰:自知者明。用明以自照为明德。"

案:《左氏》僖廿七年传:"齐孝公名昭。"《穀梁》释文云:"或作照。"《刘熊碑》:"诞生照明。"《严欣碑》:"去斯照。"照皆为"昭"字。虞亦读为"照"。昭、照一声之转,义并通。

晋如摧如

《释文》云:"摧,郑读如'南山崔崔'之崔。"

案:《毛传》云:"崔崔,高大也。"《笺》但谓"南山之上"。此读如"崔",当取进而上行之义,不失其正则吉。故《象》曰:"独行正也。"虞训"忧愁",与二爻义复。王弼训"退"(何氏同)亦迂远。晁氏曰:"案:郑乃得象意。"

罔孚

《说文》衣部引作"有孚"。

案:罔与有,或以字形相杂。然从许书义较长。段氏曰:"虞、王作罔,未知许所据孟《易》独异与?抑字讹与?"

受兹介福

汉《刘修碑》作"夳福"。《后汉·礼仪志》注引作"介祉"。

案:《方言》云:"夳,大也。夳是隶变体。"汉碑多有作此者。《释诂》"祉,福也。"义同。

晋如鼫鼠

《释文》云:"鼫,《子夏传》作硕。"晁氏《易》引翟元同。

案:《说文》云:"鼫,五技鼠也。"(《诗》疏引作"硕鼠")《诗·硕鼠》小序云："大鼠也。"《尔雅》舍人、樊光注皆引《诗》，以硕鼠为彼五技之鼠。陆玑谓硕鼠非鼫鼠，《诗》正义曰："硕训为大。"其义或如陆言也。郑引《诗·硕鼠》云："谓大鼠也。"亦与《子夏传》同。

失得勿恤

《释文》云："失，孟、马、郑、虞、王肃本作'矢'，马、王云：离为矢。虞云：矢，古誓字。"《集解》本作"矢"，荀同。

案：矢、失以字形相涉而乱。马、王、荀并如字读。《论语》"夫子矢之"孔注云："矢，誓也。"（《释言》文。）《释文》云："孔、郑、缪播皆同。"故虞以为誓字，云："誓，信也。五变坎象不见，故誓得勿恤。"晁氏曰："虞说非，余皆是。若作失，于象数不合。"

文王以之

《释文》云："郑、荀、向作'似之'，下亦然。"

案：《诗》"似续妣祖"《笺》云："似读如巳午之巳。"《正义》曰："直读为巳。古者似、巳字同。"《说文》"巳午"字即训为"已然"之已。目从反已，用也。以与已，古通，则以与似亦通。（惠氏士奇曰："以与已本同。似与已亦同古音也。"）惠氏曰："以读为似。古似字作以。《诗》正义曰：谱云：'子思论诗，于穆不已。'孟仲子曰'于穆不似'。以字，《汉书》皆作目，与已同。"

夷于左股

《释文》云："夷，子夏作睇。郑、陆同。云：旁视曰睇。（《内则》注引《易》作睇。疏引郑注，义同。）京作眱。（旧本"京"作"亦"，误。）股，马、王肃作般，云：旋也，日随天左旋也。姚作右槃，云：自辰右旋入丑。"晁氏《易》云："陆希声作睇。九家无此夷字。睇、眱，同音题。约《周髀》而言，当作左股。"

案：《说文》云："睇，目小视也。"与"旁视"义相近。不称《易》，则孟氏不作睇也。夷、弟古字相通，则眱与睇同，旧或本从省作夷，辅嗣则如字读。古般字亦作"股"，与"股"字相似。般又为古槃字，槃与盤同，盖由字形易溷，故诸家授受各据所传。师读既异，亦皆依文为说也。

用拯马壮

《说文》手部引作"抍马壮吉"（段氏本"抍"仍改作"拯"），云"上举也"（《释文》引无"上"字），或作撜。（徐铉曰："今俗别作拯，非是。"）车部亦引作"抍"。《释文》云："拯（当作丞，《音训》作承），拯救之拯。郑云：承也。子夏作抍。[《艮》"不拯其随"，《释文》作"承"，云：音拯救之拯，马云举也。"晁氏《易》曰："孟、京、陆、王作承，一行作抍。"《汉上易》引马作"抍"，《涣》"用拯"，《释文》："拯

（《音训》作承），子夏作抍。抍，取也。"]《字林》云："抍，上举，音承。"《广韵》引同。晁氏《易》云："九家亦作承。"

案：《说文》无拯字。汉《孔彪碑》云："抍马蠲害。"《淮南·齐俗训》："子路撜溺。"（《吕览·察微》作"抍"。）高诱曰："撜，举也，升出溺人。"并与《说文》合。《方言》云："出溺为承。"盖承从手从卪从收，故亦可叚用。顾氏曰："抍音升，一音承。汉时所传如此，今作拯者，唐开成以后所定也。"卢氏曰："《列子·黄帝篇》'孔子使弟子并流而承之'，殷《释文》云：承，音拯。今《方言》作'出休为抍'，皆与拯通。"桂氏馥曰："字本作抍，与承声义相近。魏晋人因造丞字。"（富孙案：《玉篇》丞，《声类》云抍字。后魏《张猛龙碑》"丞华"字如此，当为承之省讹。六朝时多别体，乖缪特甚。）隋唐人改作"拯"。郑注《天官·职币》、《地官·司徒》并作抍。"（段氏曰："《释文》云：丞，音拯救之拯。《说文》云：举也。然则《说文》作拯，《字林》作抍，在吕时为古今字。陆德明作丞，叶林宗抄文渊阁、宋本不误。通志堂、抱经堂皆改大字为拯，殊非。《集韵》抍、承、撜、拯、丞五形同字。"）

明夷于南狩

《释文》云："狩，本亦作守。同。"

案：《孟子》曰："巡狩者，巡所守也。"《公羊》隐八年传注云："守犹守也，循行守视之辞。"《舜典》《王制》作"巡守"。《释文》并云："守，本或作狩。"《周礼·职方氏》《大行人职》皆作"守"。《春秋》僖廿八年"天王狩于河阳",《穀梁》作"守",是"守"与"狩"字古通。(《说文》引《易》作"狩"。)

箕子之明夷

《释文》云:"蜀才箕作其。刘向云:今《易》'箕子'作'荄滋'。邹湛云:训箕为荄,诂子为滋,漫衍无经,不可致诘。以讥荀爽。"

案:《说文》"箕",古文作"其"。荄滋之说,本于赵宾。《汉·儒林传》云:"蜀人赵宾为《易》,饰《易》文,以为:'箕子明夷,阴阳气亡箕子。箕子者,万物方荄兹也。'宾持论巧慧,易家不能难,皆曰:非古法也。"(惠氏《易述》从赵宾作"其子",读为"荄兹"。)钱氏曰:"《史记·律书》'箕者言万物根棋',棋读如荄。赵宾以'箕子'为'荄兹',其义盖本于史公。"

无攸遂在中馈

《大戴礼·本命》注"攸"引作"由"。《汉·谷永传》引作"在中馈,无攸遂",师古注:"馈与馈同。"

案:由与攸,以同音相杂。《说文》云:"馈,饷也。""餽,吴人谓祭曰餽。"二字义本异,后多叚借通用。引经当亦偶倒尔。"

家人嗃嗃

《释文》云："嗃嗃，马云：悦乐自得貌。郑云：苦热之意。荀作'确确'，刘作'熇熇'。"晁氏《易》引郑亦作"熇熇"。

案：《说文》云："熇，火热也。"嗃为新坿字。《说卦》干宝注："离为熇，九三体离，故云熇。"《诗》"多将熇熇"，《释训》作"謞謞"，从言从口，字通。是熇、嗃古今字。确，声之转，当即侯果所云"严也"。

妇子嘻嘻

《释文》云："嘻嘻，张作'嬉嬉'，陆作'喜喜'。"

案：马云："嘻嘻，笑声。"郑云："骄佚喜笑之意。"《说文》无嘻、嬉字。《广雅》云："嬉，戏也。"音义相同。《左氏》昭廿八年传注"妹喜"，《释文》云："本或作嬉。"陆作"喜"，当从省。

遇主于巷

《释文》云："巷，字书作衖。"

案：《说文》云："䢖，里中道，从䢌从共。皆在邑中所共也。"篆文作巷，俗变作衖。《鲁峻碑》"休神家衖"，是为隶体。又从篆省作巷。《尔雅》释文云："衖，《声类》犹以为巷字。"

其牛掣

《说文》角部"掣"引作"觢",云"一角仰也"。(段氏云:"一当作二。"案:《释文》引作"角一俯一仰",误。)《释文》云:"掣,郑作挈,云:牛角皆踊曰挈。子夏作契,《传》云:一角仰也。荀作觭。刘本从《说文》,解依郑。"《说文系传》手部引作"㨖"。

案:《尔雅》牛属:"角一俯一仰,觭。(《说文》同。)皆踊,觢。"樊光云:"倾角曰觭。"疏曰:"牛两角竖者名觢。"《释文》云:"觢,字或作挈。"是挈、觢同字,故郑作挈,义与觢同。子夏作契。虞云:"牛角一低一仰,故称掣。"(惠校本改作觢,经文同。)则义与觭同。盖诸家皆本《尔雅》之说,以字形相涉而文义亦因各异。《说文》云:"引纵曰㨖"。徐锴所称,未审何据。惠氏曰:"张有《复古编》云:觢从角挈省,别作掣,非。觢从角挈,故子夏作契,诸家无作掣者。王弼读为牵掣之字,失之。"段氏曰:"郑作挈,与《尔雅》《说文》同。子夏作契,荀作觭,虞作掣,训与许、郑不同。觢者,如有掣曳然。角本当邪展而乃耸直也。虞本当同荀作觭。李鼎祚正文作掣,遂比而同之耳。《子夏传》云一角仰,是子夏、荀、虞皆作觭也。"

其人天且劓

《说文》刀部引作"天且劓",云"刑鼻也,(晁氏《易》引作"刖鼻"。)或作劓"。《释文》云:"劓,王肃作臲。"

案：马云："剠凿其额曰天。"诸家多从此说。𩕳同𩕄字。（晁氏云："即𩑆字。"）劓、𩕳，声相近，是与虞、许义异。（胡氏瑗曰："天当作而。古文相类，传写之误。汉法：髠其鬓发曰而。"项氏曰："天字或作而。"）

后说之弧

《释文》云："弧，本亦作壶。京、马、郑、王肃、翟子元作壶。"《集解》本同。虞云："大腹有口，坎。在酒中，壶之象。"《易会通》引陆绩注："弧一作壶。"

案：壶、弧，声相近。《吕览·下贤》"壶邱子"，《古今人表》作"狐"。《左氏》庄十八年传注释文云："弧本作狐。"字易淆溷，今本作弧，或因上弧字相涉而误。晁氏曰："陆希声谓作'壶'，是。"惠氏曰："今作弧者，声之误也。《礼说》云：古说与设通，虞云：犹置也。张弧者，拒之如外寇；设壶者，礼之若内宾。壶误为弧，失其义矣。"

蹇

《众经音义》（十）引作"謇"。（六二"王臣蹇蹇"，汉《卫尉衡方碑》作"謇謇王臣"。王逸《离骚》注、《后汉·杨震传论》注，《魏·陈群传》注、《文选·辨亡论》注皆引作"謇謇"。）

案：《说文》云："蹇，跛也。"（徐铉曰："《易》'王臣蹇蹇'，今俗作謇，非。"）《汉·龚遂传》"蹇蹇亡已"犹作蹇字。

謇当为隶变体。《冀州从事张表碑》:"謇謇匪躬。"(《魏·高堂隆传》同。)《后汉·鲁丕传》:"广纳謇謇,以开四聪。"《樊准传》:"忘謇謇之忠,习諓諓之辞。"《朱晖传》:"进无謇謇之志。"《爰延传》:"纳謇謇之士。"是后汉时多作此字。段氏曰:"行难谓之謇,言难亦谓之蹇,俗作謇,非。"①

以正邦也

《释文》云:"荀、陆本作'正国',为汉朝讳。"(《坎》"设险以守其国",《释文》作"邦"。《益》"利用为依迁国"、《未济》"有赏于大国",《集解》引虞皆作邦。)

案:《说文》云:"邦,国也。"二字相为转注,义同。洪氏《隶释》谓汉人临文不避国讳,此未尽然。前汉时诸帝讳,荀悦《汉纪》皆云之字曰"某",史公书多避之。至东京之时,则不远避前汉国讳,盖亲尽庙毁不得有讳。考《说文》秀、庄、炟、肇等字并云"上讳",而邦、恒、启、彻字不言讳。此可为东京不远避国讳之证。洪氏所举诸碑,皆在后汉时。经典中作"邦"、作"国",或有承前汉所传之本,未必荀、陆独为高祖讳也。(《集解》引荀云:"故能正邦国。"则仍不避邦字。惠氏曰:"汉时经学皆受之师,时君之讳既经改易,随文释之。")

---

① 今按,段玉裁《说文解字注》原文作:"行难谓之蹇,言难亦谓之謇,俗作謇,非。"此处"蹇"与"謇"互倒。

宜待也

《释文》云:"张本作'宜时也',(《归妹》"有待而行也",《释文》:"一本待作时。")郑本'宜待时也'。"

案:此以字形相类,故郑、张本亦不同。顾氏曰:"郑作'宜待时',于韵更切。"(惠氏《易述》增"时"字。)

往蹇来连

《集解》引虞云:"连,辇。蹇,难也。"

案:《释文》:"连,力善反。"是亦读如辇。马云:"亦难也。"《说文》曰:"连,负车也。"(从段氏本正)负车亦有蹇难意。《周礼·乡师》"与其辇辇"注云:"故书辇作连。郑司农云:连读为辇。"(《庄子·让王》,《释文》引司马注云:"连读曰辇。")《管子·海王》注云:"连,辇名,所以载作器人挽者。"连、辇亦声相近,此虞以今字释古字也。段氏曰:"连即古文辇也。巾车、连车本亦作辇车。连,负车者人挽车而行,车在后如负也。人与车相属不绝,故引伸为连属字。"

雷雨作而百果草本皆甲坼[①]

《释文》云:"坼,马、陆作宅,云根也。"《文选·蜀都赋》注引郑注云:"皆,读如人倦之解。解谓坼罅,皮曰甲,根

[①] 今按,"草本"当为"草木"之讹。

曰宅。宅，居也。"

案：《蜀都赋》云："百果甲宅，异色同荣。"此正从马、郑本。皆、解，音相近。垞、宅，亦声之转。惠氏曰："古文宅字作㡯，与垞相似，故误作垞。马、郑皆从古文，非改垞为宅也。"（高氏士奇曰："《诗》'既方既皁'，笺曰：方，房也，谓孚甲始生而未合时也。疏云：谓米生于中，若人之房舍也。孚者，米房之粟皮。甲者，以在米外，若铠甲也。"则甲者，孚郭在外，宅者，含胎在中，房舍之义也。）

君子以赦过宥罪

《释文》云："宥，京作尤。"

案：尤、宥，一声之转。《说文》云："訧，罪也。"古通作尤，此当谓有罪则罪之。

君子维有解

《集解》引虞"维"作"惟"，云："坎为心。"

按①：《诗·白驹》传云："维，系也。"《说文》云："惟，凡思也。"经典皆通为语辞。虞谓君子思有解难，故吉。义尤明。

---

① 今按，此处原作"按"，他处均作"案"。

二簋可用亨

《释文》云:"簋,蜀才作轨。"(亨,蜀才许庚反。)

案:《说文》簋,古文作匭,或古作朹,亦作㭒。今蜀才作轨,是又从古文匭省也。惠氏曰:"《公食大夫礼》云:设黍稷六簋于俎西。郑注:古文簋皆为轨。《周礼·小史》'叙昭穆之俎簋'注云:故书簋或为几。(段氏《说文》引订作"九",下同。)郑司农云:几读为轨(段氏引此下有"书亦为轨簋"五字),古文也。蜀才依古文。"(《涣》九二"涣奔其机",机亦古文簋。涣宗庙中,故设簋。)

君子以惩忿窒欲

《释文》"惩"作"徵","郑云徵犹清也,刘作澂(一作懲,非),蜀才作澄。(晁氏引作登,云古文澄字。)窒,郑、刘作懫。懫,止也。孟作恎,陆作䛊。欲,孟作浴。"(晁氏引作"谷",云:古文欲字。)

案:《荀子·正论》注云:"徵读为惩。"虽古徵与惩通,汉《羊窦道碑》"盗贼徵止"即与惩同,但据郑义,以徵为澂字,(惠氏谓古惩字皆作徵,引《史记》"荆荼是徵"为证,此与郑义不同。)故刘直作澂,蜀才作澄。义同。《大学》注云:"懫或作疐。"故训止。懫、恎与窒,并音之转。《广雅》:"恎,很也。"与此义异。《说文》"慎",古文作䛊,《释诂》训"静",与"澂"义相近。《释文》"井谷"又音"浴",《书》"旸谷"

又音"欲",是谷本有读"欲"。(顾氏曰:"谷,实欲为正音。")苦县《老子铭》"谷神"作"浴神"(河上注作"浴"),故本或作浴也。段氏曰:"徵者,澂之假借字。澂、澄,古今字。"郑意言澂之斯清也,古有欲字,无慾字。后人制慾,殊乖古义。"欲"从"欠"者,取"慕液"之意;从"谷"者,取"虚受"之意。陆云:"孟作谷。"晁氏所据《释文》不误。今改为"浴",非也。

已事遄往

《说文》辵部引作"㠯事"。(《系辞》"卑高以陈",《乐记》、《史记·乐书》、《集解》本"以"皆作"已"。侯果说同。)《释文》云:"已,本亦作以,虞作祀。遄,荀作颛。"《集解》本已作"祀",虞云:"祀,祭祀,旧作已。"

案:《檀弓》注云:"以,已字。"以与已字本同。《广雅》:"已,㠯也。"故古皆通用。《释名》云:"祀,巳也。新气生,故气巳也。"《诗》"于穆不已",《文心雕龙·练字》引子思弟子作"不祀"。祀、已,声之转,古亦同。《说文》云:"颛,头颛颛谨貌。"《汉书》多假为"专"字。颛、遄,亦音声相转,义通。

告公用圭

《释文》云:"王肃作'用桓圭'。"

案:《周礼》:"公执桓圭。"故虞云"圭,桓圭也",而王肃则直作"桓圭"矣。

偏辞也

《释文》云："偏，孟作徧，云：周匝也。"《集解》本同。

案：《集解》引虞说亦作"徧"。虞传孟氏学，故同。偏、徧，亦以形似音转而异。晁氏曰："当作徧。"

惕号

《释文》云："惕，荀、翟作锡，云：赐也。"

案：《少牢馈食礼》："主妇被锡。"（郑注："被锡"读为"髲鬄"。）《追师》注引作"髲鬄"。《后汉·冯鲂传》注引《声类》云："鬄，亦鬀字。"《文选·射雉赋》注云："鬄与惕，古字通。"惕、锡，亦声转形似，易相乱也。"锡号"当谓"锡号令"，读如"孚号"字，义亦通。

壮于頄

《释文》云："頄，郑作頯。頯，夹面也。蜀才作仇。"

案：《说文》云："頯，权也。"辅嗣注云："頄，面权也。"（《释文》："权，字书作颧。"）二说同。《说文》夅，读如逵。逵，篆文作馗。《尔雅》郭音"仇"，故蜀才又通读作"仇"也。惠氏曰："当从郑作頯。"《说文》无"頄"字。

其行次且牵羊悔亡

《释文》云："次，本亦作赼，或作跂。《说文》及郑作趀。且，本亦作趄，或作跙。马云：语助也。王肃云：赼趄，行止之碍也。下卦同。牵，子夏作掔。"《集解》本作"趑趄"。（下卦同。惠校本并改次且。）《新序·杂事》引同。《系传》作"赼趄"。

案：《说文》云："趀，仓卒也。""赼，赼趄，行不进也。"趀、赼二字义异，"趀"下不引《易》文。陆氏谓《说文》作赼，意当从此。赼趄，今作"次且"。（惠氏曰："次且，读为赼趄。"）是古文从省，跂、跙并俗字。《释诂》曰："掔，固也。"（《说文》同。）《左传》"郑伯肉袒牵羊"，《郑世家》作"掔羊"。《庄子·徐无鬼》云："掔好恶。"《释文》引司马注："掔，牵也。"并以掔为牵字。（《众经音义》（十三）引《三苍》云："掔亦牵字。"）钱氏曰："次者，赼之叚借字，掔者，牵之固也。"段氏曰："马云'却行不前'者，于次本字得其义也。云语助者，《王风》毛传所云'且，辞也'，马、郑同用费氏《易》，而马次、郑赼不同。赼者，后出俗字。趄，又因赼而加走旁也。"（富孙案：《论语》"造次"，马云："急遽也。"郑云："仓卒也。"此读次为趀。马此注云"却行不前"，与急遽义远，是当读次为赼。）

苋陆

《释文》云:"苋,一本作莞。陆,蜀才作睦。睦,亲也、通也。"《集解》引虞云:"苋,说也。读'夫子苋(旧作莞,非。)尔而笑'之苋。陆,(朱本作睦,影宋本同。)和睦也。"旧读言苋陆,字之误。马君、荀氏皆从俗,非也。[旧本《释文》引虞云:"苋,蕢也。陆,商也,《音训》引同。"晁氏云:"虞云:莞,说也。虞、蜀作睦,和也。此与《集解》合,则《释文》当误。"(卢本据宋本改正)段氏曰:"以李鼎祚所引虞说订之,则晁与相合。然则《释文》一书,自吕氏所见已讹舛特甚。"]

案:苋陆,旧皆谓草之柔脆者,子夏、马、郑、王肃、王弼以为一物。宋衷、董遇以为二物。苋、莞,古同字。睦、陆,亦以字形相似而乱。《东观汉记》"阴皇后父名睦",《世本》作"陆"。汉《郭仲奇碑》云:"崇和陆。"并用为睦字。盖汉人作隶,好假借,故经典相传亦多有沿隶体者。惠氏曰:"《论语》'莞尔而笑',莞本作苋,见《释文》。邢昺撰疏依唐石经作'莞',从俗也。古睦字亦作陆,见《唐扶颂》(案:碑云"内和陆兮外奔赴"。)及《严举碑》(碑云"九族和陆"),蜀才所训与虞同。"

姤

《释文》云:"姤,薛云:古文作遘。郑同。"(《杂卦》

"姤",唐石经作"遘",足利本、古本、宋本同。)

案:《说文》云:"遘,遇也。"逅,徐铉《新附》字,女部无姤字。是当从古作"遘"。今作姤,俗字。钱氏曰:"姤字《说文》不载。古文《易》作遘,郑氏从之。王辅嗣改就俗,独《杂卦传》一字未改,此古文之仅存者。"段氏曰:"《杂卦传》:遘,遇也。可以证全经皆当作遘矣。"(富孙案:今本《杂卦》,遘字亦皆改作姤。)

后以施命诰四方

《说文》后部作"施令以告四方"。《后汉·鲁恭传》引作"施令"。《释文》云:"诰,郑作诘,王肃同。"

案:《左氏》僖九年传"令不及鲁",《释文》:"令,本又作命。"(《太卜》注《释文》"命"本作"令"。)《鲁语》注云:"命,令也。"二字声相转,义通。《周礼·大祝》注:"杜子春云:诰当为告。《书》亦或为告。"《缁衣》"尹吉曰"注云:"吉,当作告。告,古文诰字之误也。"《书》"以诰四方",伏生《大传》、《汉·刑法志》皆作"诰"。《刑法志》云:"以刑邦国,诰四方。"师古曰:"诰字或作诘。"盖诘、诰声相近而字形亦相类也。钱氏曰:"郑《易》诰作诘,云:止也。(卢本"止"改作"正",非。)《鲁恭传》云:'君以夏至之日施命令,止四方行者。'则恭所引《易》亦作诘矣。后人据王辅嗣本改为诰尔。"(惠氏曰:"诰当从《说文》,京房作告,古文也。")

系于金柅

《释文》云:"柅,《说文》作檷,云:络丝趺也,(趺,一作柎,今本《说文》作柎,误。《类篇》云:络丝柎,所以制动。)读若昵。(今《说文》作柅。)王肃作抳,子夏作鑈,蜀才作尼,止也。"

案:马云:"柅者,在车之下,所以止轮令不动也。"《广雅》云:"柅(一作抳),止也。"蜀才从省作"尼",义同。《说文》:"㞏,篗柄也。"柅,或体字。(徐铉谓即前柅,实如棃,此重出。《玉篇》:柅,木名,又络丝柎。)檷下未引《易》文。《苍颉篇》"抳"作檷字,或作鑈。(《广韵》"鑈"作"檷"。)陆氏见《子夏传》作"鑈",《说文》无鑈字。诸家多从此义,故谓许作"檷"。《正义》云:"王肃之徒皆为抳绩之器,则抳与檷亦同。"钱氏曰:"古音爾与尼相近。《诗》'饮饯于祢',韩《诗》作'坭'。《书》'典祀毋丰于昵',谓'祢庙也'。"段氏曰:"昔人谓檷、柅同字,依许则柅者今时篗车之柄。檷者今时箷丝于上之架子以受篗者也。故曰络丝柎。"

羸豕孚蹢躅

《释文》云:"蹢躅,一本作踯躅。蹢躅,不静也。古文作蹢蹅。"

案:《广雅》云:"蹢躅,跢跦也。"蹢踯、躅蹢,字皆同。《说文》:"蹢,住足也。或曰蹢躅,贾侍中说。"《集韵》云:

"蹢同躅。"惠氏曰:"啻与商通,逐与蜀,古今字。"

包有鱼

《释文》云:"包,本亦作庖。(《正义》作"庖",下"包无鱼"同。"以杞包瓜",晁氏《易》云:"马、郑读为庖。")荀作胞。"

案:《周礼·庖人》注云:"庖之言苞也。"是庖与包通,以包为庖,义较长。虞云:"或以包为庖厨。"辅嗣注、《正义》俱训"庖"。《说文》云:"包,象人怀妊,巳在中,子未成形也。""胞,儿生裹也。"《庄子·养生主》"庖丁",《释文》云:"庖,本作胞。"《庚桑》"胞人",《释文》:"胞本作庖。"二字义亦通。(《汉·百官公卿表》注:胞与庖同。)惠氏曰:"包读为庖,古文省。"

以杞包瓜

《正义》引《子夏传》曰:"似杞匏瓜"。(旧"似"作"作",误。)薛虞记云:"杞,杞柳也。杞性柔韧,宜屈挠,似匏瓜。"

案:"似"与"以"古通。《诗》"匏有苦叶",《周礼·壶涿氏》注引作"苞"。辅嗣注云:"包瓜为物,系而不食者也。"《释文》云:"包,白交反。子夏作苞。"苞与匏亦通,《正义》直作"匏瓜"。是子夏、薛、虞、王、孔皆同。晁氏《易》谓《说文》作"匏",或从瓜,盖误。(又云:"张弧作匏,匏瓜,星名。")惠氏曰:"包与匏同。"

有陨自天

《说文系传》雨部"陨"引作"霣"。

案:《春秋》庄七年"星陨如雨",《左》《穀》同,《公羊》作"霣"。(僖十六年"陨石",《公羊》亦作"霣"。)是霣与陨字通。

易经异文释四

嘉兴李富孙芗沚 著

萃亨

《释文》云："亨，王肃本同。马、郑、陆、虞等并无此字。"

案：下文又有"亨"字，故诸家本于此无之。然《集解》引郑云："故曰萃亨也。"虞云："体观享祀，故通。"（惠校本经文无"亨"字。此"故通"二字亦删。）则郑、虞有此字，与陆所见本异。项氏曰："《彖传》初不及此字。"

聚以正也

《释文》云："聚，荀作冣。"

案：《谦》彖虞云："裒，取也。"侯果云："裒，聚也。"依《尔雅》，裒训"聚"。今虞作"取"，取、聚，声之转，当从省通。惠氏曰："古聚字或作冣，或作取。"《汉·五行志》注云："取，读为聚，古文省"。

君子以除戎器

《释文》云："除，本亦作储，又作治。王肃、姚、陆云：除犹修治。荀作虑。"《文选》注（《西京赋》、张协《杂诗》）引作"治"。

案：储、除同音。《说文》云："储，偫也。"义通。除、治，声相近，诸家皆以"除"为"治"。《曲礼》注云："除，治也。"郑、蜀才谓"除去"。除、虑，又声之转，虑与治义略近。

一握为笑

《释文》云："握，傅氏作渥。（《鼎》"其形渥"，《汉上易》引《子夏传》作握。）郑云：握当读为'夫三为屋'之屋。蜀才同。"

案：《说文》"握"，古文作㨂，与屋字古文形正同。（《释言》："握，具也。"《诗·权舆》笺作"屋"。）《诗》"赫如渥赭"，《孟郁修尧庙碑》作"屋赭"。盖汉人多同音通借字，诸家相传，各守师承，故文义往往不同。惠氏曰："古文握字或省文，或屋字反从水旁，故诸儒训诂各异也。"

孚乃利用禴

《释文》云："禴，蜀才作跃，刘作爚。"（《既济》"不如西邻之禴祭"，何氏《订诂》引《汉·郊祀志》作"瀹祭"。惠氏

《集解》评注引同。本或仍作"禴"。《困学纪闻》云:"颜注盖以禴为瀹。")

案:跃、禴音同。蜀才多通假字,未审此从何义。《集韵》:"爚,本作礿。夏时祭,同禴。"此亦俗体。

赍咨涕洟

《集解》本作"赍资"。虞云:"赍,持资赙也。坤为财,巽为进,故赍资也。"《文选·长笛赋》注引作"赍谘"。晁氏《易》云:"陆希声作'资财'也。"

案:赍咨,郑、王弼皆为嗟叹之词。马云:"悲怨声。"资、咨音同形亦相似。虞以下言"涕洟",故谓资为赙。谘,俗加偏旁字。

升

《释文》云:"升,郑本作昇。"

案:《集解》引郑作"升"。《说文》无昇字,为徐铉新坿,此后出之俗体。《玉篇》:"昇,或升字。"《乾凿度》与郑同。

用见大人

《释文》云:"本或作'利见'。"

案:义亦两通。

君子以顺德积小以高大

《中庸》注引作"慎德",(《释文》:"慎,一本又作顺。")下作"以成高大"。(《正义》引无"成"字。)《释文》云:"顺,本又作慎。(《系辞》"慎斯术也",《释文》:"慎,一本作顺。")以高大,本或作'以成高大'。"晁氏《易》引《史证》云:"何妥作慎。"《集解》本下有"成"字。虞本、足利本同。

案:《诗》"应侯顺德",《家语》、《淮南子》俱引作"慎德"。《孟子》"王顺",《汉·古今人表》作"王慎"。《荀子·强国》注云:"顺当为慎。"又云:"慎或为顺。"古顺、慎字通。《诗》"下武"笺引并与今《易》文同。《正义》曰:"宜为顺字。定本作'慎德',疑误。"考梁时讳,顺作慎,或有为萧梁经师所改易。晁氏曰:"顺,古文作𩒹,与慎字相似。"(段氏曰:"《说文》:顺,理也。凡顺、慎互用者,字之讹。")

允升

《说文》夲部引作"𦥔升",云"进也。"《汉上易》引孟喜说作"𦥔"。

案:许称孟氏《易》,故《汉上》引孟同。《说文》云:"允,信也。"《玉篇》𦥔或作允,是从省借。段氏曰:"𠘧部𠙈下云:允,进也。此谓允即𦥔之叚借,音义同。今省作允。"

刚弇也

《释文》云:"弇,本又作掩。(《系辞》"恶积而不可掩",唐石经作"弇"。《释言》疏引作"揜",云弇、揜音义同。)虞作弇。"

案:《释言》曰:"弇,盖也。"(《说文》同)《说文》云:"奄,覆也。""揜,自关以东谓取曰揜,一曰覆也。""掩,敛也。"《尔雅·释文》云:"弇,古奄字。"又云:"弇,古掩字,又作揜。"是弇、奄、揜三字音义皆同。古通用掩,通假字。惠氏曰:"弇,古文揜。"

朱绂方来

《士冠礼》疏引作"朱韍"。郑《易》注、《乾凿度》同。(今本《乾凿度》作"芾",下"困于赤绂"同。《系传》引作"赤芾"。)

案:《说文》云:"市,韠也。天子朱市,诸侯赤市。从巾,象连带之形。"篆文作"韍",则"市"为古文。《诗》多作"芾"。"朱芾斯皇",《释文》作"芾",皆通假字。绂,俗字。

据于蒺藜

《释文》作"蒺棃",(此从宋本,《系辞》同。)《集解》本、唐石经同。

案:《说文》云:"薺,蒺黎也。""棃,草也。"此为"藜蒿"字。《本草》："蒺藜，一名即棃。"《说文》注义作黎。汉碑"黎庶"字亦作棃、藜，多同音通用。惠氏曰："藜，当作棃。"

来徐徐

《释文》云："子夏作'荼荼'。翟同，音图。云内不定之意。王肃作'余余'。"

案：《史记·齐世家》："执简公于徐州。"（《田敬仲世家》同。索隐曰：徐，音舒。齐邑。）《春秋》哀十四年》作"舒州"。《玉藻》注云："荼读为舒迟之舒。"《周礼·弓人》注云："荼，古文舒。假借字。郑司农云：荼读为舒，舒徐也。"（《诗·常武》毛传同）是古假荼为舒。舒、徐音转义同。翟音图，非。（《书大传》注："荼，缓也。"）《说文》曰："余，词之舒也。"《释诂》："余，身也。"孙炎注云："余，舒迟之身也。"则"余"与"徐"从省通。

臲卼

《释文》云："荀、王肃本'臲卼'作'槷䟐'，云不安貌。陆同。郑云：当为'倪仉'。京作'臲劊'。"《系传》引作"槷䠂"。

案：槷䟐、倪仉，皆音声相近，即书"阢陧"之倒文，与上爻义同。《乾凿度》云："臲卼，不安也。"虞、王弼等并依字解之。《说文》曰："卼，绝也。""劊，断也。"二字义相近。

小徐所称,亦与下《释文》引同。晁氏曰:"案象数当作'倪仉',即'臲卼'之古文。"(惠氏曰:"倪与臲,仉与卼,古今字。九五人君,不当有劓刖之象。")钱氏坫曰:"古字无臲卼,即《说文》'㮿𣙗'字。㮿又别作槷。郑作'倪仉',即劓兀也。"

利用祭祀

《释文》云:"本亦作'享祀'。"足利古本作"亨祀",一本作"享"。足利本、宋本同。

案:《孝经》曰:"祭则鬼享之。"二字义并通。(惠氏曰:"地祇为祭,人鬼为享。")

困于葛藟于臲卼

《释文》云:"藟,本又作虆。臲,《说文》作槸,薛同。卼,《说文》作𣙗,云:𣙗,不安也。薛又作杌字,同。"《说文》出部引作"槷𣙗",云:"槷𣙗,不安也。"

案:《诗》"莫莫葛藟",《释文》:"藟字又作虆,同。"《草木》疏云:"幽州人谓之藿虆,故或作虆。"《玉篇》云:"虆与藟通。"《说文》"劓"即"劓"之正字,注未引《易》,出部作"槷𣙗"。陆氏何转引彼而不据此,抑所见与今本异?王弼作"臲卼",许作"槷𣙗",薛作"槸杌",皆文异而音义同。王氏鸣盛曰:"劓本劓字,假借为不安。"槷字见郑《周礼》注,云是古文㮿字。(《匠人》注。)又《仪礼》注以为即古文闑字。

(《士冠礼》注。)今与魤连文为不安,亦是假借《易》之蓺魤。《书》之"阢陧"音义并同,特倒其文,故字亦异。此古训也,后人改为"臲卼",非。惠氏曰:"案:文当作蓺杌。"

羸其瓶是以凶也

《集解》本作"井羸其瓶"。

案:荀云:"井谓二,瓶谓初,初欲应五,今为二所拘羸,故凶。"上句注云"故未繘",是荀以"井"字属下读,与诸家异。

井谷射鲋

《释文》云:"射,荀作邪。"(此从《音训》,旧本作耶。)

案:郑、王肃"射"皆音"亦",云厌也,与"邪"读以遮、羊诸二切音相近。《左氏》文元年传"归余于终",《史记·历书》作"归邪"。《诗·北风》释文:"邪,音余。"《史记·司马相如传》"留落胥余",《汉书》《文选》皆作"胥邪"。荀或从此义。(《戚伯著碑》"横遇躬度",躬与躲字亦相类。)

瓮敝漏

《释文》云:"瓮(卢本从雅雨本作"雍"),郑作甕,云停水器也。《说文》作罋,汲瓶也。"晁氏《易》云:"漏,陆希声作屡,藉也。未知所据。"

案:《释文》作"甕",又引郑作"甕",二字当有一误。

《说文》"甕"谓汲瓶,(《释文》作甕,甕是甕之隶变。)瓮,罌也。今之甕字,乃瓮之变体。(《玉篇》:"甕同瓮。")或郑作"瓮"。盖罌是缶器之大者,故云停水器也。屡,俗娄字,亦无藉义,当为字讹。(卢氏曰:"甕,旧本作甕。《观》注云'郑作甕',则正文非甕明矣。"富孙案:此亦臆改。惠氏《易述》改作"甕",引郑注同,以甕为"罋甕"之省。《山海经·北海经》注:"县甕之山名汲甕,今俗作悬甕。"然未可据以改易。)

井渫不食可用汲

《史记·屈原列传》引作"井泄",下作"可以汲"。《索隐》引京亦作"以"。(《渐》"其羽可用为仪",《集解》引干"用"作"以"。《汉》公孙宏、卜式等传赞颜注、《文选·谢瞻答灵运诗》注引并同。)向秀注云:"泄者,浚治去泥浊也。"

案:《说文》云:"渫,除去也。"泄本木名,是省借字以用,义同,古通用。

井收勿幕

《释文》云:"收,荀作䎡。"干本"勿"作"网"。《汉上易》云:"幕,干作冂。"

案:䎡、收,声之转。《正义》引《子夏传》云:"䎡亦治也。"是与四爻义同,亦通。网即罔字,与"勿"义相近。《说文》云:"冂,覆也。"徐音莫狄切,今俗作幂,《公食大夫礼》注云:"幂,今文或作幕。"义同。

水火相息

《释文》云:"息,《说文》作熄。"

案:《说文》无引此《易》文,火部云:"熄,亦曰灭火。"马云:"息,灭也。"辅嗣注云:"息者,生变之谓。"陆氏以当作《说文》"熄"字云尔。(《孟子》"安居而天下熄",《意林》作"息"。"王者之迹熄",《左氏传序》疏、《文选·两都赋序》注并引作"息"字,亦通。虞云:"息,长也。"则与熄异。)

其文蔚也

《说文》文部"蔚"引作"斐"。(《释文》引同。《音训》引云:"又作斐。")

案:《说文》云:"斐,分别文也。"许所据孟氏《易》,与蔚义并通。(惠氏士奇曰:"君协蔚,其音若威。"是"斐"亦与"君"协。)

亨饪也

《说文》丮部引作"䵻饪",云:"䵻,食饪也。"

案:《说文》云:"鬲,鼎属。䰜,古文亦鬲字。象孰饪五味气上出也。"今《易》据许作"孰饪",是与诸家本异。钱氏坫曰:"亨饪应为'孰饪'字之讹。"(又案:饪训"大孰"。则二字义复。此或为《易》说,如称《易》"井法也",称《诗》"不醉而怒谓之奰"之类。)

君子以正位凝命

《释文》云："凝，翟作擬，云：度也。"

案：郑云："凝，成也。"擬与凝形声相近，惟字异而训亦不同。

其形渥

《周礼·司烜氏》注引作"其荆剭"，疏引作"荆屋"。（《醢人》疏引作"荆渥"）《释文》云："郑作剭。"《集解》引虞云："兑为形，（惠校本改作"荆"，下同。《困》《旅》并云"兑为荆"，汉隶荆、形通。）渥，大形也。"《汉上易》引虞作"剭"，晁氏《易》云："九家、京、荀、虞、一行、陆希声作荆。京房、九家、一行、陆希声作剭。薛云：古文作渥。"（九家《易》曰："渥者，厚大，言罪重也。"）

案：《秦始皇纪》引韩子"啜土形"，史公自序作"土刑"。汉碑形、荆二字多互用。《高彪碑》"形不妄滥"，《杨震碑》"麋恶不形"，皆以"形"为荆罚字。（后周《华岳颂》《夫子庙堂碑》《华阳观碑》荆字亦并作形。）《司烜氏》"邦若屋诛"郑注云："剭诛，谓所杀不于市，而以适甸师氏。"《小司寇》疏云："必于甸师者，甸师掌耕耨王藉，其场上多屋，就隐处荆之故。"郑云："若三公倾覆王之美道，屋中荆之。"《汉书·叙传》云："底剭鼎臣。"服虔注引《司烜氏》及此爻辞。师古曰："剭者，厚荆，谓重诛也。"是古本多作"荆剭"，或通作"形"，辅嗣因如字读，与诸家异义。

笑言哑哑

《释文》云："言亦作语。下同。"《众经音义》（六）引同。唐石经初刻作"语"。

案：言、语，义不异。《说文》口部引作"哑哑"，《系传》引作"吤吤"。吤，喔也。非是。

亿丧贝

《释文》云："亿，本又作噫。六五同。"（宋本六五作"意"。）《汉上易》引虞作"噫"。（下同。）

案：《金縢》"噫公命"，马本"噫"作"懿"，云"犹亿也"。《论语》"亿则屡中"，《汉·货殖传》、《陈度碑》并作"意"。《周颂》"噫嘻"，定本作"意"，《文王世子》注："亿，可以为之也。"《释文》云："本又作噫。"古亿、意、噫字并通。（吴澄谓是古意钱之戏。古意、亿通用。）

跻于九陵

《释文》云："跻，本又作隮。"

案：隮为跻之俗体，《说文》无此字。《书》"告予颠隮"，《宋世家》作"跻"，今本当为卫包所改。

震遂泥

《释文》云:"遂,荀作队。"《汉上易》引荀作"隧"。

案:虞注"遂"义同"坠"。《史记·扁鹊传》"阳脉下遂",正义:"遂,音直类反。"是"遂"与"坠"同。《说文》云:"队,从高队也。"今俗作"坠"。《论语》"未坠于地",汉石经作"隧"。《樊安碑》云:"俾不失隧。"此"队"之叚字。(《书》"三郊三遂",《鲁世家》"遂"作"隧",经传二字多通。)盖遂与队形声相似,而俗"坠"又与"隧"通,故队、隧亦通为"遂"字。

未退听也

《集解》本作"违听",虞云:"坎为耳,故未违听也。"

案:退与违亦字形相似,作"违"字义较长。

列其夤厉熏心

晁氏《易》云:"列,孟、一行作裂。(案:《集解》本同。)夤,孟、京、一行作䏢。"《释文》云:"夤,郑本作䏮,荀作肾。云互体有坎,坎为肾。薰,荀作动,云互体有震,震为动。"《韩诗外传》"夤"引作"䏮","厉"作"危"。《集解》本"薰"作"阍"。(《象》同。)虞云:"艮为阍。"古阍作熏字,马言熏灼其心。荀以熏为勋,读作动,皆非。《汉上易》引子夏作"薰",孟、京、马、王作"熏"。

案：《说文》云："列，分解也。""胂，夹脊肉也。""裂"与"列"义同。马云："夤，夹脊肉也。"辅嗣注云："当中脊之肉。"是与许训"胂"同。（徐锴曰："夤当即此胂字。"）郑作"䏗"，当为"胂"之别体。胂、肾，声之转。夤本上从肉，与䏗同，今俗本误从夕。（姚氏小彭曰："夤字从肉，字书作䏗。"）朋疑亦胂之叚字。（《说文》："朋，瘢也。"）厉《小象》云"危"，故《韩诗》亦引同。《周本纪》"薰育"，《说苑》作"勋育"。《夏承碑》云："策薰著于王室。"此古薰、勋通用。阍与薰声相近，动与勋又易致淆也。惠氏曰："胡广《汉官解诂》云：'光禄勋，勋犹阍也。《易》曰：为阍寺。'是薰与阍通。古动、勋字每相乱。《乐记》'讙以立动'注云：'动或为勋。'"段氏曰："夤当是上肉下寅，故郑作䏗，非假夤敬字也。"阍者，古主门官，光禄主宫门，故曰勋。是古勋、阍通，此以汉时音读释经也。

言有序

《集解》本作"有孚"，虞云："动得正，故言有孚。"

案：二字义并通。

善俗

《释文》云："王肃本作'善风俗'。足利本同。"

案：辅嗣注云："贤德以止巽则居，风俗以止巽乃善。"是弼本有"风"字，郭京亦云。（《系辞》"显道神德行"，《文选·魏都赋》刘注引作"而神德行"。"立成器以为天下利",荀悦《汉纪》引作"立象成器"。此二字今本或脱。)

妇孕不育

《释文》云:"孕,荀作乘。"

案:郑云:"孕,犹娠也。"乘与孕音声相转。《宋世家》"战于乘邱",徐广曰:"乘一作媵"。(《咸》上《象》、九家、虞亦然。)孕、媵声同。惠氏曰:"《管子·五行篇》'朕妇不销弃'注云:朕,古孕字。《太元》驯首曰:'媱其膏',人一月而膏。媱与朕同。《玉篇》云:朕或孕字。孕读如绳,乘、绳声近,故九五孕与陵、胜为韵。"

所归妹也

《释文》云:"或作'所以归妹'。"

案:辅嗣注无"以"字。

君子以永终知敝

《释文》"敝"作"弊"。

案:《诗》"敝予又改为兮"《释文》云:"敝本又作弊。"《文选·西征赋》作"弊",李善注引同。《玉篇》:"弊,俗敝字。"钱氏曰:"弊、敝,古通用。"

女承筐无实

《释文》云:"筐,郑作匡。"(宋本筐、匡二字互易。)

案:《说文》云:"匡,饭器筥也。"筐,或体字。

日中则昃

《释文》云:"昃,孟作稷。"

案:《天官书》云:"食至日昳为稷。"《孝经钩命诀》云:"日稷而赤光起。"(《中候》宋均注:"稷,侧也。")汉《郙阁颂》云:"劬劳日稷。"稷、厢声相近。(《田完世家》索隐曰:"侧、稷音相近。")此汉人相承,假稷为厢也。惠氏曰:"《尚书·中候握河纪》云:至于日稷。郑注云:稷,读曰侧。《穀梁春秋》经云:"戊午日下稷。"《公羊》《左传》皆作"昃"。范宁注:"稷,昃也。下昃谓脯时。"《灵台碑》云:"日稷不夏。"今《尚书》"稷"作"昃","夏"作"暇",是"稷"与"昃"通。

月盈则食

《释文》云:"食或作蚀,非。"《集解》本作"蚀"。(惠校本改"食")《众经音义》(二,又十四。)引作"即蚀"。

案:《王制》注云:"即或为则。"是声近义通。《诗》"日有食之",《汉·刘向传》引作"蚀"。(《史》《汉》二字错见)《说文》:"蚀,败创也。"《释名》云:"日月亏曰蚀。稍小侵亏，如虫食草木之叶。"此当为俗通字。(《春秋》隐三年"日有食之"，《释文》："食，本或作蚀，音同。")

遇其配主

《释文》云："配，郑作妃，云：嘉耦曰妃。"《汉上易》引孟喜作"妃"。《集解》引虞注同。

案：《释诂》曰："妃，合也。"又训"匹"，"对"、"媲"义同。《说文》云："妃，匹也。""配，酒色也。"《诗·皇矣》疏引某氏云"天立厥妃"，今《毛诗》作配，是"妃"为正字，"配"假借字。惠氏士奇曰："古配读为妃。虞注亦曰妃嫔。盖配，古妃字。非改配为妃也。"《大戴》"配以及配"，《礼记》作"妃"，古今字。段氏曰："妃本上下通称，后人以为贵称耳。"配当是妃省声，故叚为妃字。

虽旬无咎

《释文》云："旬，荀作均。(《说卦》为均，《周礼·均人》注云：'坤为均。'今《书》亦有作'旬'者，《内则》注引同。)刘昞作钧。"

案：《均人》注云："旬，均也。"（辅嗣注同。）疏云："旬与均俱有均平之意。"《内则》"旬而见"注云："旬当为均，声之误也。"盖旬、均，声之转，古亦通。《诗》"秉国之钧"，《汉·律历志》引作"钧"，云："钧者，均也。"音义并同。晁氏曰："旬，古文均字。"

丰其蔀

《释文》云:"蔀,郑、薛作菩。云:小席。"

案:《说文》云:"菩,草也。"《广韵》:"蔀,小席也。"是蔀为后人滋乳之字。晁氏曰:"菩,古文蔀字。"

日中见斗

《释文》云:"孟作'见主'。"

案:《诗》"酌以大斗"徐仙民音"主"。(《周礼·鬯人》音同。)宋均《易纬》注云:"斗,主也,四行之主,故谓之神斗。"是"斗"音义与"主"同,故孟作"主"。

丰其沛

《释文》云:"沛,本或作旆,谓幡幔也。(辅嗣注同。)子夏作芾,传云:小也。郑、干作芾,(旧作韦,误。)云:祭祀之蔽膝。"晁氏《易》云:"陆希声作芾,近文作旆。"

案:沛、旆同音。据辅嗣注,以沛为借字。《释言》:"芾,小也。"《诗》"蔽芾甘棠",毛云:"蔽芾,小貌。"义同。汉《荡阴令张迁碑》作"蔽沛棠树"。沛、芾声相近。《说文》:"市,韠。"经典作"芾",是市之别体,故郑云"蔽膝"。《诗·候人》《斯干》《采菽》,皆以"芾"为"市"。沛、市亦音相近。《玉篇》:"旆,不明貌。"《集韵》云:"或从日作旆。"此尤俗本之擅改也。(段氏曰:"芾与沛,盖本用古文作'市',

而后人改之。")

日中见沬

《释文》云:"沬,《字林》作昧,云斗杓后星。郑作昧,服虔云:日中而昏也。《子夏传》云:昧,星之小者。马同。薛云:辅星也。"《汉书》(《王商传》《王莽传》)并引作昧。晁氏《易》云:"九家、虞亦作昧。"《广韵·十三未》引同。

案:诸家皆作"昧"。子夏、马、薛、《字林》、王肃谓"星",郑、服谓"昏昧"。王弼以"沬"为"微昧"之明。昧、沬亦声相近。昏昧而见星,其义并通。惠氏曰:"日中见斗,日食之象也。汉儒以日中见沬为日食,良然。"(见《集解》本评注。)

折其右肱

《释文》云:"肱,姚作股。"

案:《史记·十二诸侯表》"鲁成公黑肱",《鲁世家》集解作"股"。肱、股音相近,义并通。

丰其屋

《释文》云:"丰,《说文》作寷,云:大屋也。"(《音训》引同。)

案:《广雅》云:"寷,大也。"是与"丰"义同。然字从宀,故许云"大屋"。今作"寷其屋",于义似不顺。段氏曰:

"称《易》说亶,从宀、豐,会意之旨,今本皆于引《易》误作亶字。"

阒其无人

《释文》云:"阒,马、郑云:无人貌。《字林》云:静也。姚作䦥,孟作窒,并通。"

案:张有《复古编》云:"䦕,俗别作阒,静也。"《说文》无阒字,《释言》:"䦕,恨也。"《毛诗传》云:"很也。"姚当依《尔雅》义。《说文》:"窒,窴也。"窒窴即"蔀其家"之意,故陆云"并通",皆形近音转之异。钱氏曰:"虞仲翔训为空。"仲翔世习孟氏《易》,当亦用窒字。窒本训窴,反训为空,犹乱之训治,徂之训存也。《列子·黄帝篇》注:"空,一本作窒。"《庄子·达生篇》引亦作"窒",是"窒"有"空"义也。

天际翔也

《释文》云:"际,郑云当为瘵。瘵,病也。翔,郑、王肃作祥。"《集解》本作"降祥"。(惠校本依虞作"际祥",影宋本同。)孟云:"天降下恶,祥也。"

案:瘵、际字形相似,故郑云"当为瘵"。《汉·西域传》师古注:"翔与详同,假借用。"详、祥,字本通。古恶征亦曰祥。《左氏》昭十八年传"将有大祥"疏云:"祥者,善恶之征。《中庸》'必有祯祥',吉祥也。'必有妖孽',凶祥也。祥是善事,里析以灾为祥者,对文言耳。"是郑、王当皆从孟义。钱氏曰："李鼎祚据孟喜本作'降祥'。汉儒相承之本如此。际、降字形相涉，故本或为际，郑读为瘵，训病。虽与孟本异，而意犹不甚远。王弼改为翔，疏家以为如鸟之飞翔于天，失之甚矣。"

自藏也

《释文》云："藏，众家作戕。马、王肃云：残也。郑云：伤也。"

案：《诗》"曰予不戕"，《释文》云："戕，王本作臧。"古臧即为藏字。戕、藏声相近。郭注《方言》云："今淮南人呼壮为伤。（虞注《大壮》训同。）音声相转也。"（段氏曰："以从艸之藏为'臧匿'字，始于汉末，改易经典，不可从也。"）

旅琐琐

《释文》："琐，或作璅字者，非。"

案：《说文》云："璅，石之似玉者。"与"琐"字义别。《文选·东京赋》注云："璅璅，小也，一作琐。"是古二字有通用者，故《诗·节南山》《释训》"琐琐"释文并云："或亦作璅"。

得其资斧

《释文》云："《子夏传》及众家并作'齐斧'。张轨云：'齐斧，盖黄钺斧也。'张晏云：'整齐也。'应劭云：'利也。'《志林》云：'齐当作斋，斋戒入庙而受斧。'下卦同。"（《巽》

"丧其资斧",《汉·王莽传》引作"齐斧"。应劭云:"亡其利斧,言无以复断斩也。"《叙传》及师古注引同。)

案:《考工记》注云:"故书资作齐。"杜子春云:"齐当为资。"资、齐,音之转,古或通用。王肃等以"旅"为军旅,故虞喜云:"当作斋,师出必斋戒入庙受斧耳。"段氏曰:"《说文》:鈭,利也。《子夏传》作齐,然则鈭为正字,齐为叚借字。"

旅人先笑后号咷

《汉·孝成许皇后传》作"咲"(一仍作"笑"),师古曰:"咲,古笑字。"

案:《说文》无咲字,今竹部笑字本阙,为徐铉所增。《唐韵》引《说文》云:"喜也。从竹从犬。"李阳冰刊定从竹从夭,是咲为别体字。毛氏居正曰:"笑字古作关,从八,象眉目悦貌,后转作笑,俗讹作笑。"惠氏曰:"古本《汉书·薛宣传》'壶矢相乐',今本云'壹关相乐'。晋灼云:书篆形'壹关'字象'壶矢',因曰壶矢。"然则"关"为古"笑"字审矣。

其义焚也

《释文》云:"一本作'宜其焚也'。"

案:《中庸》曰:"义者,宜也。"马云:"义,宜也。"二字义同。(虞注同今本。)

巽

《说文》丌部云:"巺,巽也。此《易》巺卦为长女为风者。"(段氏本此篆移次㢲下。)

案:《说文》又云:"㢲,具也。古文作㢲,篆文作巽。"(段氏曰:"篆"疑当作"籀"字之误也。)巺、㢲音义并同。许所称为孟氏《易》,今作"巽",当为后人从省用字。(惠氏曰:"巺,古文巽。")段氏曰:"羲文作㢲,小篆作巽,许于此特言之者,存《周易》最初之古文也。"

涣有丘匪夷所思

《释文》云:"邱,姚作近。夷,荀作弟。"

案:"近"字未审其异,或亦以形相似。《释诂》云:"夷、弟,易也。"义本同。《说文》"鶗"或从弟作鵜。夷、弟形相类,故亦通用。

豚鱼

《释文》云:"豚,黄作遯。"

案:《集解》云:"虞氏以三至上体遯,便以豚鱼为遯鱼。"是虞作"遯","遯"与"豚"亦形声相近,黄颖本当即从虞也。

鸣鹤在阴

《集解》本"鹤"作"鵻",（《系辞》同。惠校本改"鹤"。）《众经音义》（三九）引作"鸣鵻在渚"。

案：《卫世家》云："懿公好鵻。"此当为别体字。元应书亦多从俗，"渚"字或涉《诗》文而误。[《杂卦》："蒙者，蒙也。"《众经音义》（三）引作"曚也"。又（廿二）引作"懞"，云"谓懞覆不明也。"此并意改。]

吾与尔靡之

《释文》云："靡，本又作縻。（此从《音训》。宋本、卢本同。旧作糜，误。）干同。《韩诗》云：共也。孟同。《埤苍》作縻，陆作䌳，京作劘。"（《系辞》同。）《汉上易》引子夏、陆绩作"縻"。《后汉书》注（《张衡传》《孟尝传》）引同。

案：荀子《富国》注云："縻，散也。"《少仪》"国家靡敝"疏云："或可靡为縻，谓财物縻散凋敝。"古字通用。辅嗣、干宝云："散也。"虞从孟义训"共"，《埤苍》作"縻，散也"。《汉·律历志》注同。䌳即縻之变。《汉·扬雄传》应劭注云："劘，屑也。"《集韵》："劘，分也。"与"散"义亦相近。（晁氏引京作"靡"。）

妇丧其茀

《释文》云："茀，子夏作髴，荀作绂，董作髢。"《集解》

引虞云："茀（惠校本改作"髴"，经文同。）发谓鬓发也。或作茀，为妇人蔽膝，非。"晁氏《易》云："孟喜、一行亦作髴。"

案：子夏、孟、虞、一行皆作"髴"。马、王肃、弼作"茀"，谓首饰。董作"髦"，与"髴"义相近。郑作"茀"，云"车蔽"，盖本《诗》"翟茀"之文。（《毛传》："茀，蔽也。"）干云"马髴"，二义又异。荀作"绂"，是为蔽膝，绂即巿之别体。此并以音同形似而异。《诗·释文》"朱芾"云："本又作茀，或作绂。"古多通假用之。

繻有衣袽

《说文》糸部引作"繻有衣"，又引作"需有衣絮。"《周礼·罗氏》注："郑司农云：襦读为繻有衣絮之繻。"（案：絮当为絮之讹，下并同。《释文》：絮女居反，字又作袽。）《弓人》注："郑司农云：帤读为繻有衣絮之絮。"（《释文》："繻本亦作襦，絮本亦作帤，《周易》作袽。"）《释文》云："繻，子夏作襦。（晁氏作繻）王廙同薛，云：古文作繻。""袽，《说文》作絮，（此从《音训》，卢本同。旧作絮，误。）云：缊也。《广雅》云：絮，窭也。子夏作茹，京作絮。"《系传》巾部引作"濡有衣帤"，云："《黄庭经》曰：人间纷纷臭如帤。皆窭扇孔之故帛也。"

案：《说文》云："繻，缯采色。读若《易》繻。"此当作"襦"，若同字，无烦读若，故子夏作"襦"。繻、襦偏旁易讹，或别本作濡，许省作"需"。辅嗣注云："繻，宜曰濡。"小徐直引作"濡"。(程氏端礼曰:"繻当作濡。")今本作"繻",当是同音通假。(郑、王肃音"须"。)《说文》云:"袽,敝衣。""絮,絜缊也,一曰敝絮。""絮,敝绵也。""帤,一曰敝巾。"袽,疑即袽之别体。《玉篇》云:"絮或作袽。"是絮为正字,余并以音义相近通用之。段氏曰:"虞翻云:袽,败衣也。然则袽即袽字。"絮与袽可通用。晁云:"袽又作袈。愚谓袽、袈皆袽之误字耳。"

小狐汔济濡其尾

《春申君传》引作"狐涉水,濡其尾。"

案:汉初是或别本如此。或史公以训诂窜易之。

易经异文释五

嘉兴李富孙芗沚　著

天尊地卑

《释文》云："卑，本又作埤，同。"（下"知崇礼卑"《释文》："卑，本亦作埤。"下同。）

案：《说文》云："埤，增也。"《汉·五行志》"塞埤拥下"师古注："埤，卑也。"《司马相如传》"其埤湿"注云："埤谓下地也。"是与"卑下"义通。《荀子·宥坐》注："埤读为卑。"《西狭颂》云："灭高就埤。"即与"卑"同。卑、埤，声之转。

刚柔相摩

《众经音义》（十）引作"坚柔"。《释文》云："摩，本又作磨。京云：相硙切也。马云：摩（《音训》引作磨），切也。"

案：《诗·烝民》笺云："刚，坚强也。"义亦同。《说文》云："䃺（俗省作磨），石硙也。""摩，擎也。"《诗》"如琢如磨"，《释文》云："磨，本又作摩。"《论语》"磨而不磷"，汉《吉成侯州辅碑》作"摩而不鄰"。古二字同音通用。

八卦相盪

《释文》云:"盪,众家作荡。马云:除也。桓云:动也。"

案:《乐记》作"荡",注云:"荡犹动也。"《郊特牲》曰:"涤荡其声。"此叚为盪字。《左氏》昭廿六年传"震盪播越"(《释文》云:"盪本又作荡。")、汉《蔡湛颂》云"盪盪有功",则叚为荡字。《释名》云:"荡,盪也。排盪去蔵垢也。"今亦同音通用。惠氏曰:"《说文》盪为涤器,当从诸家作荡。后汉惟《蔡湛碑》以盪为荡,从俗作也。"(又曰:"六经无盪字,盖始于后汉。韩伯以为'推荡',俗训也。")

鼓之以雷霆

《释文》云:"霆,蜀才云:疑为电。"(旧本"疑"作"凝",非。)

案:京本作"霆",《乐记》亦作"雷霆",是不当为"电"字。(《左氏》襄十四年传)"畏之如雷霆"《释文》云:"霆本又作电。")

日月运行

《释文》云:"运,姚作违。"

案:违与运,声近形似之讹。

乾知大始

《释文》云："大，王肃作泰。"

案：《说文》云："泰，滑也。古文作夳。"是泰本"滑泰"字，读他达切，后转读他盖切，用为"通"、"大"二义。大部云："大，古文大也。（他达切）"是夳又作大，后人大、泰二字遂通用无辨。（《左氏》隐公传《释文》云："旧泰字皆作大。"）段氏曰："后世凡言大而以为形容未尽，则作太。"谓"太"即《说文》夳字。夳即泰，则又用泰为太，展转貤缪，莫能諟正。

坤作成物

《释文》云："作，虞、姚作化，姚云：化当为作。"

案：化、作亦字形相似而溷。惠氏曰："坤称化，承乾而成物，故化成物。"

坤以简能

《释文》："能，姚云：当作从。"

案：下云"易则易知，简则易从"，故姚云当为"从"，其义亦通。

而天下之理得矣

《文中子·述史》引作"天地之理"。（下"弥纶天地之道"《释文》作"天下"，云："一本作天地。""遂成天地之文"，

《释文》:"一本作天下。"晁氏曰:"王昭素云:诸本多作天下。")

案:"天地"与"天下"文义皆异,而理亦各通。

刚柔者昼夜之象也

《释文》云:"虞作'昼夜者,刚柔之象也'。"

案:以上"吉凶"、"悔吝"、"变化"例之,当作"刚柔者"。韩注亦作"昼夜者",是与虞本同。(《说卦》虞注又同今本。)

易之序也

《释文》云:"序,虞作象。"《集解》本同。

案:下云"君子居则观其象",则作"象"义合。陆云:"序,象也。"京云:"次也。"是亦为序字。晁氏曰:"旧读序(当作象),作原或作序者,非。"(案:此本虞说。《集解》作"旧读象作厚",厚字疑误。)

所乐而玩者

《释文》云:"乐,虞本作变。(下"乐天知命",《释文》:"乐,虞作变。")玩,郑作翫。"《集解》本作"所变"。虞云:"旧作乐字,误。"

案:下言"动则观其变",又云"爻者言乎变",当从虞为长。唯乐天作"变",于义未协。陶征士《归去来辞》所用与今同。《说文》云："玩，弄也。"或作貦。翫，习猒也，古字通用。（《左氏》昭元年传"翫岁而愒日"，《释文》云："翫字又作玩。"）

言乎其小疵也

唐石经"言"作"存"。

案：上三句皆云"言"，则此句当同。据《正义》亦为"言"字，宋本、岳氏本皆然。石经当涉下文"存"字而误。（顾氏说同。）

彌纶天地之道

《释文》："彌，本又作弥。"

案：《说文》云："镾，久长也。"今变作彌。爾、尒二字义异，惟辵部"邇"古文作"迩"，是从省，通。

俯以察于地理

《释文》云："察，一本作观。"

案："观"与"察"义相近，与上并作"观"，亦通。（《集解》本"以"作"则"。）

原始反终

《释文》云："郑、虞作'及终'。"

案：《乐记》"克殷反商"注云："反当为及。""及"与

"反"，以字形相似而淆耳。

而道济天下

《释文》云："道，郑云当作导。"

案：文义作"导"，尤通。

旁行而不流

《释文》："流，京作留。"

案：《庄子》"天地留动而生物"，《释文》云："留或作流。"后汉《孔彪碑》云"疾弥流"，即《顾命》之"弥留"。嵇康《琴赋》"忽飘飘以轻迈，乍留联而扶疏"，"留联"亦"流连"，字并同音通用。

范围天地之化

《释文》："郑云：范，法也。马、王肃、张作'犯违'。张云：犹裁成也。"

案：《说文》云："范，法也。""範，範軷也，读与犯同"。（《周礼·大驭》作"犯軷"。）是"范"为本字，"範"为假字。"範"读与"犯"同，故马、王、张又作"犯"。《列子·汤问》"周犯三万里"，《释文》云："犯一本作範"，此即以"犯"为"范"字。（惠氏士奇曰："据《说文》，则驰驱之'範'因'犯軷'而得名。範者象其形，犯者言其义。"）违与围声同，当亦通借，故张训义不甚异。段氏曰："《少仪》注云：軓是軓法也。

《易》'范围'字当作'軓',或作'笵',而'範'其叚借字也。"马、王作"犯",此亦範、犯同音通用之证。

君子之道鲜矣

《释文》云:"鲜,郑作尟。马、郑、王肃云:少也。"(《下系》"鲜不及矣",《释文》作"尟",云:"本亦作鲜。")

案:《说文》云:"尟,是少也。尟俱存也。"(段氏本下尟字订作"是少"。)"鲜,鱼名。"则尟为本字,鲜假借字。《汗简》云:"尟,本古文鲜字。"(富孙案:此为古今字。后人凡见有与今字异者,辄以为古文,非是。)

藏诸用

《释文》云:"藏,郑作臧,云:善也。"(下"知以藏往",《释文》:"藏,刘作臧,善也。")《汉·翼奉传》引作"臧"。

案:《汉·礼乐志》云:"臧于礼官。"师古曰:"古书怀藏之字,本皆作臧。《汉书》例为臧耳。"《说文》无藏字,今《新坿》有之。班书皆以"臧"为"藏",《魏相传》"臧器于身",今亦作"藏",俗字。此古本当作"臧",故郑训为"善"。(《诗》"中心藏之",笺云:"藏,善也。"当亦本作"臧"。)晁氏以篆无臧字,甚缪。

成象之谓乾

《释文》云:"成,蜀才作盛。"(《说卦》"莫盛乎艮",《音训》引《释文》:"盛,郑又作成,裹也。"今本作"郑音成"。)

案:《公羊》庄八年传云:"成者,盛也。盛则曷为谓成?讳灭同姓也。"(成本盛国。)《周礼·掌蜃》注云:"盛犹成也。"《汉武帝纪》"礼日成山",《郊祀志》作"盛山"。《释名》云:"成,盛也。"《荀子·王霸》注:"盛读为成。"是"盛"与"成"字古通。

效法之谓坤

《释文》作"爻",云:"马、韩如字,放也。蜀才作效。"《集解》云:"爻犹效也。"(惠校本经文改作"爻"。)

案:效字古本当从省作"爻",《下系》云:"爻也者,效此者也。"盖"爻"本有"效"义。

其静也专

《释文》云:"专,陆作抟,(一作砖,误。)音同。"

案:《说文》云:"嫥,壹也。"今通作专。《左氏》昭廿年传"若琴瑟之专壹",《释文》云:"专,董遇本作抟。"《秦始皇纪》琅邪台刻石曰:"抟心壹志。"此即以"抟"为"专壹"字。

其静也翕

《汉·王莽传》云:"动静辟胁。"师古曰:"胁,收敛也。《易·上系》之辞,故莽引之。(惠氏《易述》作胁,云古文翕。)翕、胁之声相近,义则同。"

案:《孟子》"胁肩",《汉·杨雄传》作"翕"。《吴王濞传》颜注云:"胁,翕也。"《庄子·天运》云:"子口张而不能嗋。"并与"翕"义同。

知崇礼卑

《释文》云:"礼,蜀才作体。"(下"以行其典礼",《释文》:"礼,姚作体。")

案:《礼器》云:"礼也者,犹体也。"《诗》"无以下体",《韩诗外传》引作"下礼"。是"体"与"礼"字通,故"礼"或作"体"。(《荀子·修身》注同。)声转形似,而义亦相近。

圣人有以见天下之赜

《释文》云:"赜,九家作册,京作啧,云:情也。"(一本情作精,误。下"探赜索隐",《释文》:"赜,九家作册。"许冲《说文叙》作"啧"。"有以见天下之赜",《释文》:"之赜,本亦作之至赜。"足利古本同。)《说文》自叙作"啧"。《左氏》定四年传《正义》引同。

案:疏曰:"赜谓幽深难见,古无此字。"徐铉谓俗书讹缪,不合六书之体,当通用啧。《说文》"啧"或作"讀",赜与讀字形相似,或以此致讹。后汉《祝睦碑》云:"探啧穷神。"《范式碑》:"探啧研机。"皆作啧字。《释名》云:"册,赜也。"《说文叙》曰:"文字者,经埶之本,王政之始,前人所以垂后,后人所以识古，故曰知天下之至赜而不可乱也。"是许以文字深微为"至赜"，而简册以载文字，故刘熙以赜释册，当为古义，则册与赜亦通。徐氏锴曰："《太元经》探赜索隐之赜皆作啧。《说文》无赜字也。"惠氏曰："经赜字皆当作啧。"《太元经》云："阴阳所以抽啧。"啧，情也。定四年《左传》"啧有烦言"，贾逵曰："啧，至也。"《正义》引《系辞》云："谓见其至深之处。"啧亦深之义也，是古皆作"啧"。（又曰："九家作册。"册，古文策。）

以行其典礼

《释文》云："京作'等礼'。"

案：《晋语》曰："从其等礼"。韦注云："从尊卑之等，谓之礼。"《大戴·立言》曰："圣人等之以礼。"京氏正依此义。《说文》"典"古文作"箕"，与"等"字亦形声相近。

而不可恶也

《释文》云："恶，荀作亚。亚，次也。（《释言》文。）马、郑乌洛反，并通。"

案：《说文》云："亚，丑也。贾侍中说，以为次第也。"亚与恶，音义同。古亚或作恶。《书大传》："王升舟，入水，鼓钟恶，观台恶，将舟恶，宗庙恶。"注云："恶读为亚，次也。"《周礼·肆师》注引并作"亚"。荀、郑训亚为"次"，与贾说合。晁氏云："亚，古文善恶字。非。"惠氏曰："古文亚皆作恶。"《尚书大传》郑注读恶为亚。秦《诅楚文》云："告于丕㶊大神亚駞。"《礼器》作"恶駞"。宋时有玉印曰"周恶父印"，刘敞以为即条侯亚父。《史记》"卢绾孙他之封恶谷侯"，《汉书》作"亚谷"，故荀氏以"恶"为"亚"。

言天下之至动

《释文》云："动，众家并然。郑本作啧，云：当为动。九家亦作册。"《集解》引虞云："动，旧误作啧也。"

案：古本当有作啧，故九家亦作册。《说文叙》作啧，郑云"当为动"，是依众家本。《正义》云："以文势上下言之，宜云至动而不可乱也。"则韩伯本亦作"至啧"。

议之而后动

《释文》云："陆（宋本作郑）、姚、桓元、荀柔之作'仪之'。"

案：仪与议，字形相涉。《有司彻》注云："今文仪，或为议。"《说文》云："仪，度也。"引申为"仪象"义，亦通。（隋《梁罗墓志》"羽仪"字作"议"。）

荣辱之主也

《说苑·说丛》引作"之本"。

案："本"与"主"字虽异而义自通。董子云："枢机之发，荣辱之端，亦义相近。"

或默或语

《释文》云:"默字或作嘿。"

案:《说文》云:"默,犬暂逐人也,读若墨。"《汉书音义》云:"嘿,静也。"《左氏》哀十一年传:"我不欲战而能默。"《释文》云:"本亦作嘿。"当为古今字。(《史记·田蚡传》"日默默不得志",《汉书》作"墨墨",亦古通用。)

二人同心

《越绝书·德序外传记》引作"君臣同心"。

案:《乐纬·稽耀嘉》曰:"君臣之谊生于金。"《越绝》本言主臣之术,极进言听计之专,故改易经文以就其说。盖二人亦无定指。《书》"我二人共贞",即谓成王周公也。(虞注云:"二人谓夫妇。")

苟错诸地而可矣

《释文》云:"错,本亦作措。"(下"举而错之",《释文》同。)《系传》手部引作"措"。

案:《说文》云:"措,置也。""错,金涂也。"文义皆异,是"措"为本字。凡经典通作"错"者,皆假借字。

有功而不德

《释文》云:"德,郑、陆、蜀才作置。郑云:置当为德。"

案：古"道德"字作"悳"，与置字形似，亦易相乱。卢氏曰："置、德古通用。"《大戴·哀公问五义》云："躬行忠信，其心不置。"《荀子·哀公》："言忠信而心不德。"

则言语以为阶

《释文》云："阶，姚作机。"

案：机、阶，声相近义亦通。

幾事不密

《汉·王莽传》作"机事"，师古注引同。（《下系》"知幾其神乎"，《魏志·袁涣传》注、《系传》并引作"知机"。"幾者动之微"，《文选·欧阳建诗》注引作"机"。"见幾而作"，《袁涣传》注引作"机"。）

案：《左氏》昭廿二年"宋仲幾"，《公羊》作"机"。《说文》云："幾，微也，主发谓之机。"《下系》曰："幾者动之微。"二字义相近，古通用。

作易者

《释文》作"为易"，云："本又云'作易'。"《集解》引虞作"为易"。

案：《释诂》云："作，为也。"二字义同。

上慢下暴

《汉书·叙传》作"上嫚",师古注引同。(下"慢藏",《后汉·崔骃传》注引作"嫚藏"。)

案:《说文》云:"慢,惰也。""嫚,侮易也。"二字义略异。《汉书》多以"嫚"为"慢",《武帝纪》师古注云:"嫚与慢同。"

慢藏诲盗

《释文》云:"诲,虞作悔,谓悔恨。"《集解》引虞云:"坎心为悔。"(惠校本改作"悔",经文并同。)

案:《论语》"吾未尝无诲焉",《释文》云:"诲,鲁读为悔字。"盖诲、悔字形相涉,故各据所读释之。(惠氏曰:"古悔、诲通用。")

冶容诲淫

《释文》云:"冶,郑、陆、虞、姚、王肃作野,言:妖野容仪,教诲淫泆也。王肃云:作野,音也。"(卢氏曰:"此七字衍文,俱已见上,必写者妄增。")《太平广记》引作"蛊容诲婬。"

案:野、冶同音,故诸家作"野"。《后汉·崔骃传》注引郑云:"饰其容而见于外曰野。"(旧作冶,误。)《列女传》曰:"避嫌远别,终不野容。"此谓野处自障蔽也,义与郑略同。《马融传》"田开古蛊"注云："蛊与冶通。"《集韵》："蛊，又音以者切，义同冶。"《说文》云："淫，浸淫随理也。""婬，厶逸也。"是"淫"亦"婬"之叚字。段氏曰："野、冶，皆蛊之叚借。《张衡赋》言：妖蛊，今言妖冶。"桂氏馥曰："《南都赋》'侍者蛊媚'，五臣作冶媚。《众经音义》云：'《声类》：蛊，弋者反。《周易》作冶。"

故再扐而后挂

《说文》手部"挂"引作"卦"。《释文》云："挂，京作卦。云：再扐而后布卦。"《乾凿度》《集解》本同。（上掛一作挂，惠校本并作掛。）

案：《说文》有"挂"无"掛"。《少牢馈食礼》注云："古文挂作卦。"《乾》疏引《易纬》云："卦者，挂也。言悬挂物象以示于人，故谓之卦。"据许书、孟、京皆作"卦"，义通。段氏曰："虞作挂，谓再为分二挂一，作卦者谓于此起卦爻。"皆通。张氏惠言曰："作卦义长。"

天数二十有五

唐石经"二十"作"廿"。（下"五百二十"同。又下"三十"作"卅"。）

案：《说文》云："廿，二十并也。""卅，三十并也。"并古文省。《论语》"年四十而见恶焉"，汉石经"四十"作"卌"。盖古金石文字皆多从省。

乾之策

《释文》云:"策,字亦作筴。"

案:《说文》云:"策,马箠也,亦用为筹策字。"《曲礼》"书策琴瑟",《释文》作"筴",云:"本又作策。""筴为筴"《正义》曰:"谓蓍为筴者,筴以谋筴为义。"《士冠礼》"筮人执筴",此为"策"之隶变。《颜氏家训》曰:"简策字竹下施朿。末代隶书有竹下为夹者,如刺字之傍,应为朿。今亦作夹。"徐仙民《春秋礼音》遂以"筴"为正字,以"策"为音,殊为颠倒。(段氏曰:"《曲礼》梜训箸,《字林》作筴。"则筴不可以代策明矣。)

当期之日

《释文》云:"期,本又作朞,同。"

案:《说文》云:"期,会也。古文作쭉。"稘,复其时也。"引《书》"稘三百有六旬",则凡期月字当作"稘",今通作"期",又从"쭉"字,移月旁于下作"朞",亦俗体。

引而伸之

《释文》云:"伸,本又作信。"(《下系》"来者信也",《释文》:"信,本又作伸,同。")

案:《士相见礼》注云:"古文伸作信。"《儒行》注云:"信,读如屈伸之伸。"叚借字也。《穀梁》隐元年传范宁解云:

144

"信、申字,古今所共用。"韦昭《汉书音义》云:"信,古伸字。"此古皆借信以为伸也。毛氏晃曰:"古惟申字,后加立人以别之。"段氏曰:"古但作诎信,或用申为之。"

是故可与酬酢

《释文》云:"酢,京作醋。"《说文系传》引作"醻醋"。

案:《说文》云:"醻,主人进客也。"或作酬。"醋,客酌主人也。""酢,醶也。"醋、酢二字义别,酢读仓故切,为"酸酢"字。《方言》:"关东谓酢曰酸。"《士虞礼》注云:"醋报是酬。酢当作醋。"《释名》曰:"醋,措也,古方多作酢。"是在汉时二字已相乱矣。(《特牲馈食礼》注:"古文醋作酢。"《有司彻》注:"今文醋曰酢。")顾氏曰:"古人酢、醋二字多互用。"《士虞礼》、《特牲馈食礼》、《少牢馈食》、《有司彻》酢字皆作醋。《内则》、《杂记》下注云"酢䜢"。《表记》注云:"淡无酸酢,少味也。"《急就篇》"芜荑盐豉醯酢酱"并是醋字,盖由在各、仓故二切音相近而误。(案:顾氏犹据俗行字言之。)卢氏曰:"酢醋,后来每互易用之,京氏尚不失其旧。"

易有圣人之道四焉

《释文》云:"明僧绍作君子之道。"

案:"君子"义亦通。依此章末句,当作"圣人"。

以言者尚其辞

《释文》："下三句无'以'字。"

案：弟五、弟十章有叠用三"以"字，是古人之文不必省一二字也。

其受命也如嚮

《释文》云："嚮又作響。"《集解》本、唐石经、足利本、古本、宋本并作"響"（《音训》云："今本作嚮。"）。《魏志·文帝纪》注引同。

案：疏云："谓蓍受人命，报人吉凶，如響之应声也。"《说卦》注"蓍受命如響"，《释文》云："本又作嚮。"《汉·刘向传》云："神明之应，应若景嚮。"《刘熊碑》云："莫不嚮应。"響、嚮字古多通。嚮，俗字。

参伍以变

《汉·律历志》作"参五"。《集解》引虞云："谓五岁再扐而后挂。"

案：《春秋》"伍参""伍举"，《古今人表》并作"五"。"伍奢""伍尚"，《广韵》亦作"五"。《说文》云："伍，相参伍也。"旧本或从省作"五"，虞当随文生训。

遂成天地之文

《释文》云："虞、陆本作'之爻'。"

案：虞注仍作"文"，不从"爻"。是陆所见本当异。爻与文，字形亦相似。

而察于民之故

《集解》本"于"作"与"。

案：于、与，声之转。

圣人之所以极深而研幾也

《释文》云："研，蜀才作䂁。幾，本或作机。郑云：机当作幾。幾，微也。"

案：《说文》云："研，䃺也。""䂁，摩也。"是"䂁"为本字。幾、机二字，义本异，古或通借用之。惠氏曰："《范式碑》作研机。"是古《易》皆作"机"。今王弼本直作郑所训字，失其本矣。

夫易开物成务

《释文》云："一本无'夫易'二字。开，王肃作闿。"

案：上文已云"夫易"，故此二字本或无之。《说文》云："闿，开也。"《诗·大东》笺"闿置官司"，《释文》云："字亦作开。"二字音义同。《众经音义》（十三）引《声类》："闿，亦开字。"

圆而神

《释文》云:"圆本又作员。音同。"《少牢馈食礼》注引作"圜"。

案:《说文》云:"圜,天体也。""圆,圜全也。读若员。""员,物数也。"三字义异。然《说文》读若字,经典多通用。《考工记·轮人》注云:"故书圜或作员。"《文选·西京赋》注引《字书》云:"圜亦圆字。"今沿袭既久,皆溷殽无别矣。

易以贡

《释文》云:"贡,京、陆、虞作工。荀作功。"

案:《周礼·太宰》注云:"贡,功也。"《曲礼》"五官致贡曰享"注同。"工"与"功"亦通。《书》"天工人其代之",《汉·律历志》引作"天功"。《肆师》注云:"故书功为工。郑司农:工读为功。"古者工与功同字,盖贡、功义同,亦声相近。惠氏曰:"工读为功,阴阳相变,功业乃成。"

圣人以此洗心

《释文》云:"洗,京、荀、虞(一作陆,非)、董、张、蜀才作先。石经同。"《集解》引虞云:"谓庖牺以蓍神知来,故以洗心。"(惠校本改作"先心",经文同。)

案:《汉·百官公卿表》"先马",张晏曰:"《国语》'句践亲为夫差先马'，先或作洗也。"是古"先"字或作"洗"，故韩伯本作"洗"。先、洗，音相近。然诸家及蔡邕《石经》皆作"先"。班固《幽通赋》云："神先心以定命兮"，当亦用此《易》文。惠氏曰："古洗濯字皆作洒，无作洗者。唯王肃及韩伯作洗心，非也。"

而不杀者夫

《集解》引虞"杀"读为"衰"。

案：《释文》云："杀，马、郑、王肃、干：所戒反。陆、韩如字。"《礼记》"志微焦杀之音作"，《史记·乐书》作"焦衰"。《郊特牲》注云："杀，犹衰也。"（《士冠礼》注同。）"等杀"字古亦作"等衰"，是义同而音亦近。（惠氏曰："陆、韩读如字，失其义。"）钱氏曰："古文杀与衰通。"

阖户谓之坤

《众经音义》（十九）引作"阖门"。

案：《说文》：门从二户，半门曰户。虽对文则异，散文则通，然此或为称引之讹。（《丰·释文》云："或云门户，通语。"）

成天下之亹亹者

徐铉《新修字义》云："亹，字书所无。《易》亹亹当作娓。"

案：《释诂》曰："亹亹，勉也。"《释文》云："字或作斖。"（《广韵》云："斖，俗。"）《说文》无亹字。《诗》"亹亹文王"，崔灵恩集注本作"娓娓"。故徐谓《易》亦当作"娓"。然陆氏所见本已皆作"亹"，则其字之讹变久矣。钱氏曰："亹者，斖之省，隶变为亹。先郑读斖为徽，徽训美，同训亦必同音。"（钮氏树玉曰："据《玉篇》，亹为斖之俗字，知亹、斖并斖之俗字。斖音近文，俗又加文也。《夏本纪》亹亹穆穆，《司马相如传》作旼旼。娓字音义并不合。"）段氏曰："《诗》、《易》用亹亹字，学者每不解其何以会意、形声，徐铉等乃妄云当作娓。近惠定宇氏从之，校李氏《易解》及自为《易述》皆用娓娓，抑思毛、郑释《诗》皆云勉勉，康成注《易》亦云没没。斖之古音读如门，勉、没皆迭韵字。然则亹为斖之讹体，斖为勉之叚借。古音古义于今未泯，不当以妄说擅改。"（《说文》："忞，自勉强也。"斖斖即忞忞之叚借也。）

莫大乎蓍龟

《公羊》定八年传注、《汉·艺文志》、《白虎通·蓍龟》、《家语·礼运》注、《士冠礼》疏、《后汉·方术传序》注、《文选·广绝交论》注皆引作"莫善"。《释文》作"莫善"，云："本亦作莫大。"宋本《正义》（足利、宋本同）、《集解序》并作"莫善"。（《下系》虞注亦作"善"。）

案：上文皆云"莫大"，故此句或亦作"大"。然古本多作"善"，当从之。贾公彦云："凡草之灵莫，善于蓍；凡虫之知，莫善于龟也。"(《公羊》疏云:"今《易》本'善'作'大'字为异。"是徐彦所见本作"大"。)

圣人象之

《后汉·杨赐传》作"则之",《魏志·文帝纪》注引《献帝传》同。(下"圣人则之"作"效之"。)

案:此与韩伯本异,义亦通。或是涉上二句之文。

洛出书

《汉书》(《五行志》《艺文志》)"洛"引作"雒"。《释文》云:"洛,王肃作雒。汉家以火德王,故从各佳。"

案:《孔子世家》云:"雒不出书"。《汉·地理志》"雒阳"师古注引鱼豢云:"汉火行忌水,故去洛水而加佳。"《周礼·叙官》注释文云:"雒本作洛。后汉都洛阳,改为雒。"然《职方氏》"其川荥雒",《左传》"伊雒",《史》《汉》"雒阳"字,皆作"雒",岂为后汉所改,而魏又不尽改此为"洛"乎?惠氏曰:"案:朱育《集字》以雒为洛,则古本有此字,非始于后汉也。"段氏曰:"雍州洛水,豫州雒水,其字分别,自古不紊。后人书豫水作洛,其误起于裴松之引《魏略》,妄言汉变洛为雒,魏又改雒为洛。《尚书》有豫水无雍水,古皆作雒。"(《诗》无"雒"字,《左传》无"洛"字。)

天之所助者顺也

《后汉·杜林传论》引作"人之所助者顺",注引作"天之所助者信,人之所助者顺"。

案:此引与今本互异,或是误倒。《申屠刚传》:"天所佑者顺,人所助者信。"注云:"《系辞》之言,此与今本不殊。"(《汉·武五子传赞》引与今本同。)

又以尚贤也

《释文》云:"郑本作'有以'。"《集解》引虞同。

案:《乡射礼》注云:"古文有作又。"《诗·长发》笺云:"有之言又也。"《内则》注:"有读为又。"是又、有古今字义通。晁氏曰:"又,古文有字,今文当作有。"

乾坤其易之缊邪

《集解》本缊作"韫"(惠校本仍并作缊),引虞云:"韫,藏也。《易》丽乾藏坤,故为《易》之韫。"

案:韩注云:"缊,渊奥也。"(侯果同)。此非本义。马注《论语》云:"韫,藏也。"当为同音叚用。惠氏曰:"缊者,包裹之意。当从虞作韫。"(韫与缊,古今字。)

默而成之

《释文》无"之"字,云:"本或作'成之'。"《集解》本同。晁氏《易》云："九家本无之字。"

案：第八章虞注有"之"字，依上下文似当有"之"字。

易经异文释六

嘉兴李富孙芗沚　著

贞胜者也

《释文》云:"姚本作'贞称'。"

案:《考工记·弓人》注云:"故书胜或作称。"《晋语》"中不胜貌"注云:"胜当为称。"《学记》注释文云:"胜,一本作称。"《文选·演连珠》注同。称、胜,声之转。古字当通。惠氏曰:"胜、称古文通。吉凶以贞为称也。"

隤然示人简矣

《释文》:"隤,孟作退。陆、董、姚作妥。"

案:《广雅》云:"免,脱也。免,隤也。"古音每随义转。隤、退,声之转。《檀弓》"退然如不胜衣"(《释文》作"追然",追、退亦声近。)注云:"退或为妥。"退、妥亦声相近。

像此者也

唐石经初刻作"象"。(下"像也"同。《释文》:"像,孟、京、虞、董、姚还作象。"惠校《集解》本并改作"象"。)

案：《说文》云："象，南越大兽。""像，象也。"（段氏本依《韵会》"象"作"似"。）是"像"为形像字。然《系辞》云"爻象"，皆叚象为像。则象为古文，而圣人以"像"释之。据《释文》，孟、京、诸家仍用叚借字。段氏曰："《周易》象字即像之假借。"《韩非》曰："人希见生象，而案其图以想其生。故诸人之所以意想者，皆谓之象。"似古有"象"无"像"。然像字未制以前，相像之义已起，故《易》用"象"为想像之义。

圣人之大宝曰位

《释文》云："宝，孟作保。"

案：《留侯世家》云："取而葆祠之。"徐广曰："《史记》珍宝字皆作葆。"《周本纪》云："展九鼎保玉。"（徐广曰："保一作宝。"）是又省作"保"。《淮南·俶真》注云："保，犹葆也、宝也。"并同音通用。惠氏曰："《春秋》庄六年'齐人来归卫俘'，《左传》俘作宝。"《正义》云："《说文》保从人，朵省声。古文保不省。然则古字通用宝或保字，与俘相似，故误作俘。"［富孙案：《公》《穀》经传皆作"卫宝"。《说文》云："朵，古文孚。"（今本保字注孚作呆，误。）是左氏经作"俘"，当依篆从保省。故三传皆读为"宝"，《魏三体石经遗字》："宝，古文作係。"杜注疑经误言"俘"，非也。］

何以守位曰仁

《释文》"仁"作"人"，云"王肃、卞伯玉、桓元、明僧绍作仁"。《集解》本、唐石经同。

案：陆本以上文"位"字、下文"人"字联接而下，故作"人"。然《礼运》注、《汉·食货志》引此并作"仁"，当以"仁"字为长。（虞注《泰》象作"人"。《礼器碑》以"仁"为"人"字。）朱氏良裘曰："蔡邕有言，以仁守位，以财聚人。"则汉以前本用"仁"。

古者包牺氏之王天下也

《释文》云："包，本又作庖。郑云：取也。孟、京作伏，牺字又作羲。郑云：鸟兽全具曰牺。孟、京作戏，云：伏，服也。戏，化也。"《集解》本作"庖牺"。虞云："炮啖牺牲号庖牺氏。"（《列子·黄帝》《史记·三皇纪》同）《说文叙》作"庖牺"，大部引作"虑羲"。（立部、《管子》、《封禅》、《汉·五行志》、《叙传》同。）《汉·百官公卿表》作"宓羲"。（《明堂位》注、《古今人表》同）《律历》上作"伏戏"（《庄子·大宗师》同），下作"炮牺"，又作"宓戏"（《艺文志》引同）。《司马迁传》作"虑戏"。（《管子·轻重戊》、郑氏《诗谱》同。）《杨雄传》作"宓牺"。（《月令》注、《后汉·张衡传》注引同。）《风俗通义》、《白虎通》（爵、圣人）作"伏羲"。《书》伪孔序作"伏牺"。（《释文》："伏，古作虑。牺，本作羲，亦作戏。"）

案：包、庖、炮，音声之转，义亦通。《周礼·大祝》注云："炮当为包。"《壶涿氏》注云："杜子春读炮为苞。"《律历志》颜注曰："炮与庖同，庖、伏声相近。"孟康曰："虙，今伏，古音虙读如密，故又作宓。"《艺文志》颜注："宓读与伏同。"《百官公卿表》注又曰："宓本作虙，转写讹谬耳。"孔疏云："取牺牲以充庖厨，故号曰包牺。后世音谬，故或谓之伏牺，或谓之虙牺。"《书序》疏云："古者以圣德伏物，教人取牺牲，故曰伏牺，或作宓，音亦同。或曰包牺，言取牺而包之。"顾氏读"包"为"庖"，取其牺牲以供庖厨，此与《易》又异。《王制》疏云："或作宓戏氏者，宓字误也。当虍下著必，是古之伏字。"《说文》云："牺，贾侍中说：此非古字。"秦《诅楚文》"圭玉羲牲"，当为古牺字。孟、京作"伏戏"。许君以孟《易》为古文。《白虎通》曰："伏羲画八卦以治下，下服而化之。"此从孟、京说。《书序·释文》引张揖《字诂》云："羲，古字戏。"今字皆同音通用。《颜氏家训》曰："张揖云：虙，今伏羲氏也。"皇甫谧云："伏羲，或谓之宓羲。"案：诸经史纬候无"宓羲"之号，末世传写误以"虙"为"宓"。虙子贱即虙羲之后，俗字亦为"宓"。汉有《子贱碑》云："济南伏生即子贱之后。"是"虙"之与"伏"古来通用。钱氏曰："伏，扶富切，鸟菢子，伏、菢互相训，而声亦相转。"此伏羲所以为庖牺也。宓当作虙，虙与伏同，与宓字形声俱别。（段氏曰："古伏羲字作虙，大颜谓虙与伏音同，宓与虙音殊，然虙、宓古音亦同，故虙或作宓。"）

仰则观象于天

《后汉·荀爽传》引作"仰而观象于天,俯则察法于地,睹鸟兽之文与天地之宜。"

案:荀氏《易》与今本本有同异。韩伯本"与地之宜"似不如荀作"天地"义较长。晁氏曰:"王昭素云:今本'地'上脱'天'字,诸本多有。"

而为罔罟

《释文》作"为罟",云:"黄本作网罟,云取兽曰网,取鱼曰罟。"《乾凿度》同。《集解》引虞无"网"字。《系传》引作"网"。

案:《说文》云:"网,庖牺所结绳以渔。"或体作"罟",今隶变作"罔"。荀《上系》注作"为网罟",陆绩亦有"網"字。

以佃以渔

《释文》云:"佃渔,本亦作'田鱼'。马云:取兽曰田,取鱼曰渔。"《集解》引虞云:"巽为鱼,坤二称田,以罟取兽曰田。"《公羊》桓四年注引作"田鱼"。《汉·律历志》作"田"。

案:《白虎通·田猎》云:"四时之田,总名为田,何为田?除害也。"《诗·叔于田》疏云:"以取禽于田,因名曰田。"古田猎字皆作田。《说文》云:"佃,中也。《春秋传》曰:乘中佃一辕车。"《左氏》昭廿年传"齐侯至自田",《释文》云:"田,本亦作佃。"并俗借为田猎字。《说文》:"䲣,捕鱼也。篆文作渔。"《周礼》"䱷人",《释文》:"䱷,本又作鱼。"《左传》"公将如棠观鱼者",《释文》云:"本亦作渔。"(《鲁世家》作"渔")则"鱼"古通用为捕鱼字。段氏曰:"捕鱼字古文本作鱼,作䱷、䲣,其籀文乎?至小篆则婿为渔。"

揉木为耒

《汉·食货志》作"煣木"。(宋祁曰:"煣当为揉。")《玉篇》木部引作"楺木",云"楺,曲木"。

案:《广韵》"煣"同"楺"。屈木又云煣,蒸木使曲也。是煣、楺二字皆通。揉,俗字。钱氏曰:"《说文》:煣,屈伸木也。揉字不收,当以煣字为正。《史》《汉》多古字,率为校书人妄改,子京犹不免尔,何况余子。"

耒耨之利

晁氏《易》云:"王昭素曰:诸本或作耜,乃合上文。"

案:《释文》引马云:"耨,鉏也。"孟云:"耘,除草。"是古本皆作"耨"。(《汉·食货志》同。)昭素说非是。

刳木为舟剡木为楫

《释文》"刳"作"挎","剡"作"掞",云:"一本作剡。剡楫,本又作橄。"《文选·长笛赋》注引作"掞木"。《集解》

本楫作"檝"。（惠校本"剞"、"剡"并改作"挎"、"掞"。）《文选·为石仲容与孙皓书》注引同。

案：《说文》云："剞，判也。""剡，锐利也。"舟部引《易》作此，别无从手旁字。《乡饮酒礼》"挎越"疏云："瑟底有孔，越以指深入谓之挎。"《九家易》云："挎，除也。艮为手，乾为金。艮手持金。"似并从手旁。《淮南·俶真》注："掞，利也。"《文选》注云："掞与剡音义同。"檝亦楫之俗字。

致远以利天下

《释文》云："此句一本无。"（下节"以利天下"，《释文》："一本无此句。"）

案：《正义》云："弧、矢、杵、臼、服牛、乘马、舟楫，皆云'之利'，此皆器物益人，故称'利'也。"则当有此文。

服牛乘马

《说文》牛部引作"犕牛"。

案：《玉篇》云："犕，服也，以鞍装马也。"《左氏》僖廿四年传："王使伯服、游孙伯如郑。"《郑世家》作"伯犕"。《索隐》云："犕音服，即伯服也。"《后汉·皇甫嵩传》："董卓谓嵩曰：'义真犕未乎？'"注云："犕，古服字。今河朔人有此言。《献帝春秋》作'可以服未'。"是古犕、服二字通用。顾氏曰："今人谓马上鞍曰犕。古人只用服字。《说文》乃作'犕'。后世字愈多而不师古。《通鉴》：'燕高阳王隆自为鞍乘。'杜甫诗'我曹鞴马听晨鸡'，则又转而为鞁、鞴，皆服字之异文。"段氏曰："古音艮声、葡声同。以车驾牛马之字，当作犕。作服者，叚借耳。《北史》魏收嘲阳休之'义真服未'，正作服字，此通用之证也。"

重门击柝以待暴客

《说文》木部引作"击榜"，云"判也"。（《释文》云："柝，《说文》作㯱。"《字林》同，此不引。）又引作㯱，云"行夜所击木"。（据段氏本改。）《汉·王莽传》作"榜"。《释文》云："暴，郑作虣。"

案：马云："柝，两木相击以行夜。"《周礼·宫正》："夕击柝而比之。"先郑云："柝，戒守者所击也。"疏引郑《易》注云："手持二木以相敲，是为击柝，为守备警戒也。"《挈壶氏》注云："击㯱，两木相敲行夜时也。"《左》哀七年传《释文》云："柝字又作㯱，同。"《文选·齐竟陵王行状》注云："㯱与柝同。"今唯《周礼》作"㯱"，许氏所引㯱字当为孟《易》别本。又作"榜"，（晁氏曰：《说文》又出榜字，非古本也。）今作柝，俗体。《说文》曰："暴，疾有所趣也。"虣为新附字，《周礼·司虣》作此。《樊毅修华岳碑》云"诛强虣"，则为汉时所行之古字。段氏曰："《孟子》注云：榜，行夜所击木也。㯱，若今之梆，当判析木而合之以为榜。㯱是本义，引经言转注也。榜者，借字，引经言假借也。"

掘地为臼

《众经音义》（十）引作"穿地"。

案：穿与掘，义不甚异。《说文》云："古者掘地为臼，其后穿木石。"此作"穿"，当为驳文。

以待风雨

《文选·魏都赋》李善注引作"以避"。《鲁灵光殿赋》张载注引作"以庇"。

案：庇、避，声之转。与今本作"待"义较长。

葬之中野

《汉·刘向传》引作"臧之"。《后汉·赵咨传》引作"藏之"。《符融传》作"弃之"。注引《易》同。

案：臧，即古藏字。《檀弓》云："葬也者，藏也。藏也者，欲人之弗得见也。"《说文》："葬，臧也。"二字音转义同。《匡谬正俗》云："葬有臧音。""弃"字或以形相似而误。

不封不树丧期无数

《集解》引虞云："封，古窆字。"下句《潜夫论》引作"无时"。

案：《檀弓》"县棺而封"注云："封当为窆"。（"殷既封而吊"注同。）《春秋传》作"堋丧"。《大记》注云："封，《周礼》作窆。"《左氏》昭十二年传疏云："《周礼》作窆,《礼记》作封,此作堋,皆是葬时下棺于圹之事,而其字不同。"是声相近,经篆隶而字转易耳。此或如字读,并通。"时"与"数",义略同。

后世圣人易之以书契

《说文》大部引作"后代"。

案：唐避太宗讳,改"世"为"代"。此字或为李阳冰等所改。

百官以治万民以察

《说文叙》作"百工以乂,万品以察"。《白虎通·五经》引作"百官以理。"

案：《书》"允厘百工",《五帝本纪》作"信饬百官。"《玉篇》云："工,官也。"亦音相近。《释诂》曰："乂,治也。"《说文》云："理,治玉也。"义并同。民、品当为声之转。

阳一君而二民

《后汉·仲长统传》"二民"引作"二臣"。下句"一民"引作"一臣",皆无"而"字。注云："阳为君,阴为臣。"

案：韩注云："阳,君道也。阴,臣道也。"《正义》曰："经云'民'而注云'臣'者,臣则民也。经中对君,故称民。注意解阴,故称臣也。"然旧本或作"臣",而《正义》本则作

"民"也。

一致而百虑

《后汉·延笃传》引作"百虑而一致"。

案：韩注云："涂虽殊，其归则同。虑虽百，其致不二。"似韩本与章怀所引同。(《太史公自序》引作"天下一致而百虑，同归而殊涂"。)

尺蠖之屈

《考工记·弓人》云："麋筋麛蠖灂。"贾疏引《易》作"斥蠖"。

案：《庄子·消摇游》"斥鷃"①，《释文》："斥本作尺。"《文选·七启》注云："斥与尺，古字通。"斥、尺当为同音叚用。

龙蛇之蛰

《释文》云："蛇，本又作虵，同。"《集解》本作"虵"。

案：《说文》"蛇"为"它"之或字。《诗》"委蛇"，《释文》作"虵"。"蛇蛇硕言"，《吕览·重己》注引作"虵"。凡从"它"变作"也"，并隶体，如佗为"他"，沱为"池"，皆是。

---

① "消摇游"：今按，《庄子》通行本作"逍遥游"。

以存身也

《释文》作"全身",云:"本亦作存。"唐石经同。

案:《吕览·行论》曰:"事雠以求存。"注云:"存,一作全。"全、存声相近,义并通。

死期将至

《释文》作"其",云"亦作期"。《左氏》襄廿五年传注引作"其"。

案:《诗》"实维何期",《释文》云:"期,本亦作其。"《春秋》"邾庶其",《汉·地理志》作"期",又"琅邪郡不其",《后汉·郡国志》作"不期"。古"期"或省作"其"。然此二字皆如字读,并通。

不见利不劝

《集解》引虞说,"劝"作"动",云:"坎为动。"(惠校本经文亦改作"动"。)

案:坎当作震,动与劝亦以字形相似而异。

知小而谋大

《集解》引虞云:"兑为少知。"(惠校本经文"小"改作"少"。)

案:《汉书·叙传》师古注引作"智小"。《后汉·王符传》、《周举传》注引并同。盖"少"与"小"声近形似，易致相杂。此当从旧本。（《释文》作"知小"。）

力小而任重

《集解》本（虞同）、唐石经、宋本并做"力少"。《汉书·叙传》注、《后汉·周举传》注引同。

案：《淮南·本经》云："举重鼎者，力少而不能胜。"《王莽传》云："自知德薄位尊，力少任大。"《三国·王修传》注云："力少任重。"皆用此文。是古本俱作"少"，今因上文相涉亦作"小"，非是。（顾氏谓《石经》误作少，非。）钱氏曰："章怀注《后汉书》引作'力少'，今本改为'小'。则与'知小'句重出。"

覆公餗

《释文》云："餗，马作粥。"（《诗》韩奕疏引《鼎》卦作"公藗"，此当改《易》以就《诗》。）

案：《说文》云："鬻①，鼎实，惟苇及蒲。陈留谓键为鬻。"或体作餗。鬻，键也。则鬻与餗义通，马作粥，从俗省。（惠氏士奇曰："键即餐，一作鬻，或作飦。古之糜，今之粥也。"）

---

① "鬻"：今按，《说文解字》大徐本作"鬻"。

吉之先见者也

《汉·楚元王传》引作"吉凶",《公羊》昭廿一年传注引作"事之先见"。

案：汉时诸家本俱存，故所引与今本多不同。《正义》云："诸本或有凶字，其定本则无也。"

天地絪缊万物化醇

《说文》壶部引作"天地壹壹"，云："从凶、从壶，不得泄凶也。"《白虎通·嫁娶》引作"氤氲"。《释文》云："本又作氤氲。"《文选·思元赋》云："天地烟煴"，注亦引作"烟煴"。（《后汉·张衡传》注同。）谢瞻《答灵运诗》注、《系传》大部引并同。《白虎通》"醇"引作"湻"。《汉·杨雄传》师古注引同。

案：张有《复古编》云："壹，从壶吉，于悉切。壹，从壶凶，于云切。吉凶在壶中，不得渫也。"（徐锴曰："气拥郁也。"）此释二字之义最明。汉《朱龟碑》云："星精壹缊。""壹"已作"缊"，今作"絪缊"或作"氤氲"。絪、壹，一声之转。烟、絪，又声相近。魏《受禅表》："和气烟煴。"（《修孔子庙碑》云："神气烟煴。"）潘岳诗："二仪烟煴。"皆"絪缊"之异文。《说文》："醇，不浇酒也。""湻，渌也。"二字俗多通用。段氏曰："许据易孟氏作壹壹，乃其本字，他皆俗字也。"（惠氏曰："当从《说文》作壹壹，别作氤氲，又作絪缊，并非。")

男女构精

《毛诗草虫笺》引作"觏精"。《疏》引郑注云："觏，合也。"

案：《释诂》云："遘，遇也。"觏与遘通。《说文》："构，盖也。杜林以为椽桷字。"故郑作"觏"，今《疏》云："构，合也。"是即用郑义。段氏曰："毛云：觏，遇也。实含会合之义。"郑所据《易》作觏，今皆作构，盖失之矣。

其易之门邪

《释文》云："易之门，本又作'门户'。"《正义序》引郑《易赞》、《颜氏家训·音辞》引并同。

案：古本当作"门户"，故郑易亦然。颜氏即从康成本。（《释文》云："永嘉之乱，唯郑、王注行于世。"）

杂而不越

《说文》辵部引作"不逑"。

案：《说文》云："越，度也。""逑，踰也。"则凡踰越字当从此。

因贰以济民行

《释文》云："贰，郑云当为弍。"

案：《说文》云："贰，副益也，从贝弍声。""弍，古文二"。（二部古文作"弍"。）《正义》曰："贰，二也。谓吉凶二理。"则作弍为古文。今作贰，是俗用字。

德之修也

《释文》云："修，马作循。"

案：《庄子·大宗师》云："以德为循。"义与《易》合。《释文》："循，本作修。"《商君传》："汤武不循古而王。"《索隐》曰："《商君书》作修古。"后魏《吊比干墓文》"业以循长"亦为修字。后汉《北海相景君碑》阴载故吏修行十九人。《后汉·百官志》注："河南尹官属有循行。"《晋·职官志》州县吏皆有"循行"。盖循、修二字本相类，古多互用，义亦并通。洪氏适曰："循、修二字，隶法只争一画，所以从省借用。"（赵明诚、都穆、全氏祖望皆谓作"循行"，误。）

为道也屡迁

《正义序》引《郑赞》，"屡"作"娄"。

案：《说文》无屡字。徐铉《新坿》云："屡，数也。"今之屡字，本是屡空字，此字后人所加。《汉书》皆作娄。《宣帝纪》师古注云："娄，古屡字。"

初率其辞

《集解》引虞说，"率"作"帅"。（惠校本经文改作帅。）

案：《说文》云："達，先道也。""帥，佩巾也。""率，捕鸟毕也。"三字义迥别。经典从省，以"率"为"達"，汉时又通用"帥"。《周礼·乐师》注云："故书帅作率。"《聘礼》注云："古文帅作率。"是率、帅古今字。今沿习既久，皆不知其本义矣。段氏曰："《释诂》、《毛传》皆云：率，循也。此引伸之义，有先道之者乃有循而行之者，亦谓之達也。"（富孙案：韩注率训"循"，侯果训"修"，二字通。）

若夫杂物撰德

《释文》云："撰，郑作算，云数也。"

案：《周礼·大司马》"撰车徒"，郑注云："撰，读曰算。算车徒，谓数择也。"撰、算，音之转。撰与选亦通。《论语》："何足算也。"《汉·车丞相传》"赞"作"选"。选、撰皆从巽声，与算义并相近。

兼三才而两之

《学记》注引作"三材"，云"谓天地人之道"。《集解》本、唐石经、足利本、宋本并同。（下"三才之道也"同。）

案：《说文》云："才，草木之初也。"才、材二字古虽通用，然郑《礼》注云："材，道也。"则应作材。《说卦》当同。（惠校《集解》本并改作"才"，非是。）

能研诸侯之虑

《易略例》《集解序》作"能研诸虑"。邢璹注作"诸侯之虑"。

案：《集解》引虞云："震为诸侯，故能研诸侯之虑。"韩康伯本、《正义》皆有此二字。王昭素云："侯之二字，必是王辅嗣以后韩康伯以前错。"然虞翻已如此，则古本有此二字。（李氏光地曰："诸为'侯之'合音，或因古经旁注字切而误增也。"案：惠氏《易述》从虞义。）

幽赞于神明

《释文》云："赞，本或作讚。"汉《孔龢碑》同。

案：《说文》云："赞，见也。"韩注云："明也。"（《小尔雅》："讚，明也。"）义相通。《白石神君碑》"幽讚天地"，并从言旁，亦为别体。

参天两地而倚数

《说文》网部引作"网地"，唐石经同。《释文》云："倚，蜀才作奇，通。"《周礼·媒氏》注引作"奇数"。《释文》："本或作倚"。

案：《说文》云："网，再也。""两，二十四铢为一两。"则两为"铢两"字，参两当作"网"。今俗皆通用两字。《周礼·大祝》注："杜云：奇读曰倚。"《荀子·修身》曰："倚魁之行。"注云："倚，奇也。"奇读为奇偶之奇。《方言》云："秦晋之间，凡物体全而不具谓之倚。"奇与倚字通。马云"倚，依也"，王肃云"立也"，虞同。此并如字读。惠氏曰："倚，本古奇字。"《荀子·大儒》篇"倚物怪变"，杨倞读为"奇"。《汉书·外戚传》"欲倚两女"，《史记》作"奇"。《方言》曰："倚，奇也。"郭璞云："奇耦参两成五，故云奇两。"《说文》引作"network"，文王命厉鼎亦然。两乃"斤两"字，故定陶上林诸鼎皆作"两"。

故易六位而成章

《士冠礼》注引作"六画"，疏引同。《释文》云："本又作六画。"《集解》引虞说同。

案：六位、六画义得两通。然郑、虞所据，当是古本。

天地定位

《太元经》作"屡位"，注云："屡，定也。"

案：《说文》云："屡，俟也。"《太元》当叚为奠字。《周礼·职币》注云："奠，定也。"《司市》注："奠读为定。"（《薯萦》小史注、杜子春读同。）《书》"奠高山大川"，《夏本纪》作"定"，亦声近义同。

日以晅之

《释文》云："晅，本又作晅。"《集解》本、唐石经、宋本、岳本并作"烜"。

案：《玉篇》云："晅，干燥也。"当是别体字。《说文》烜为爟之或字。《音训》云："今本作烜。"陆无烜字，段氏曰："晅亦作烜，盖即烓字也。"

妙万物而为言者也

《释文》云："妙，王肃作眇。董云：眇，成也。"

案：《荀子·王制》曰："王者仁眇天下，义眇天下，威眇天下。"《史记·货殖传》云："虽户说以眇论。"《索隐》："音妙。"《汉·元帝纪赞》："穷极幼眇。"师古曰："幼眇读曰要妙。"《律历志》、《艺文志》注云："眇，读曰妙。"《九歌》云："美要眇之宜修。"《郑固碑》："清眇冠乎群彦。"古无妙字，皆即以眇为妙也。（《袁良碑》"妙身继业"，此又以妙为眇。）惠氏曰："妙字近老庄语，当从王子邕本作眇。陆机《文赋》'眇众虑而为言'，盖用《说卦》，不作妙字，此其证也。"（又曰："曹大家《幽通赋》注云：眇，微也。眇、妙同。"）段氏曰："《说文》眇训小目，引申为凡小之称，又引申为微眇之义。《说文》无妙字，眇即妙也。蔡邕题《曹娥碑》有幼妇之言，知妙字汉末有之，许书不录者，晚出之俗字也。"

莫熯乎火

《说文》日部引作"莫暵于离"。（《韵会》引作"火"。）《释文》云："徐本作暵，云：热暵也。"（暵一作熯，非。）

案：《说文》暵、熯皆云干也，音义并同。惟许氏火作离，故暵从日。《周礼·女巫》疏云："暵，热气也。"今本作火，故熯从火。王肃云"火气也"，义略有别。

故水火相逮雷风不相悖

《汉·郊祀志》引作"水火不相逮，靁风不相誖"。《释文》作"不相逮"，云："郑、宋、陆、王肃、王廙无不字。"《集解》本、唐石经同。

案：定本不从郑、陆诸家。玩上节"雷风相薄"二句，定本为长，《说文》："誖，乱也。"悖，或体字。

坎为豕

《释文》云："豕，京作豨。"

案：《说文》云："豕，豨也。竭其尾，故谓之豕。"（下"今世字误"云云，段氏本订其多讹字。）"豨，豕也。后蹏废谓之豨。"是豕、豨本同，只以其尾与后蹏别之。《汉·五行志》注云："豨即豕。"凡言豨者皆豕之别名。《孟子》"狗彘食人食"，《盐铁论·水旱》引作"狗豕"。《庄子·达生》《释文》云："豨本作豕。"并通。

为瘠马

《释文》云："瘠，京、荀作柴，云：多筋干。"

案：王廙云："健之甚者为多骨也。"《楚辞·愍命》注云：

"枯枝为柴。"柴亦有瘠义,《广韵》:"瘵,瘦也。"此后加偏旁字,唐元稹诗云"羸形渐比柴"是也。

为龙

《释文》云:"龙,虞、干作駹。虞云:駹,苍色。(惠氏士奇曰:《说文》:"駹,马面颡皆白。"非纯苍,盖苍龙而兼的颡与。)干云:杂色。"《集解》本作駹。虞云:"震,东方,故为駹。"旧读作龙,上已为龙,非。《汉上易》引郑云:"龙读为尨。"

案:《周礼·巾车》"革路龙勒"注云:"龙,駹也。""駹车藿蔽"注云:"故书駹作龙。"杜子春云:"龙读为駹。"(駹车借为龙杂字。)盖古駹、龙二字多相乱。读龙为駹,汉时经师相传如此。《玉人》注:"郑司农云:龙当为尨。尨谓杂色。"《左氏》襄四年传"龙圉",《夏本纪》正义作"尨",亦并通借。惠氏曰:"《周礼·犬人职》'沈辜用駹可也'郑注:故书駹作龙。郑司农云:龙读为駹。"是古駹字皆作龙,读为"駹"。(段氏曰:"古谓杂色不纯为龙,亦作駹。古文叚借作龙,亦作尨,亦可用牻字。")

为旉

《释文》云:"旉,干云:花之通名。铺为花貌,谓之藪。本又作专。虞同。姚云:专,一也。郑市恋反。"《集解》本作"專"。虞云:"阳在初,隐静未出,触坤,故专,则乾静也专。

延叔坚说以尃为旉，大布，非也。"

案：旉与尃，字形相似，转写易讹，(《后汉·荀淑传》子专注云："尃，本或作敷，古敷字作尃。")故诸家各据师读本释之，然以作"旉"为长。《汉·礼乐志》云："旉与万物。"师古曰："旉，古敷字。"当即此义。惠氏曰："旉，王肃音孚，当作尃。尃，古布字，见《说文》。延笃说是也。"张有《复古编》云："尃，布也。从寸甫，别作旉，非。"裴松之云："古敷字与尃相似。写书者多不能别，故或作尃。"（按，此见《华佗传》注。)

为苍筤竹

《释文》云："筤（卢本作莨），或作琅，通。"

案：《九家易》曰："苍筤，青也。"《正义》云："竹初生之时色苍筤。此谓竹，故借筤字。"(《说文》："筤，篮也。")琅本琅玕，似珠者。《汉·五行志》云："木门仓琅根。"师古曰："铜色青，故曰仓琅（仓与苍通）。"以形容其色，本无定字，并可通假。

为萑苇

唐石经"萑"作"藋"。

案：《说文》云："藋，藡也，从艸，隺声。""萑，草多貌"。(《释草》"萑蓷"亦此字。)今藋从省作萑，是二字溷而无别。《诗》"萑苇淠淠"，《韩诗外传》引作"藋苇"。《夏小正》"蘿未秀为荧"，此皆俗体字。《广韵》云："蘿苇，《易》亦作萑，俗作蘿。"（《释草》："萑，芄兰。"《说文》无此字，蒹菼注义萑字，当亦后人所改。）

为翠足

《释文》云："翠，京作朱，荀同。"（《汉上易》引京作"末足"，疑误。）

案：《尔雅》："膝上皆白，惟翠；后左足白，翠。"朱、翠，声之转，义并通。

为的颡

《尔雅》作"馰颡"。《疏》引《易》同。《说文》马部引作"馰颡"，云"马白雒也"，火部同。日部引作"旳"，云"明也"。

案：《释畜》："馰颡，白颠。"《释文》作"旳"，云"《字林》作馰"。虞云："旳，白颡额也。"《玉篇》云："馰颡，或作旳。"盖以言马则作"馰"，以白雒之明则作"旳"，皆勺声，音同义通。故许氏两存之。段氏曰："旳者，白之明也。馰字疑后出，非古。"

为反生

《释文》云："反生，麻豆之属。戴孚甲而出也。虞作阪，云：陵阪也。陆云：阪当为反。"

案：阪与反，古通用。《荀子·成相》云："患难哉！阪为先圣。"注："阪与反同。"今反或如字，或作阪，皆通。惠氏曰："反，古阪字。"《汉·地理志》"蒲阪"字作"反"，刘宽碑阴同。（富孙按：鲁俊碑阴："河东蒲反。"《汉·艺文志》"河东蒲反歌诗一篇"，并省通。）此当仍经文作"反"，读为"阪"。

为工

晁氏《易》云："郑作'为墨'。"

案：孟子曰："大匠不为拙工改废绳墨。"《礼记》云"绳墨诚设"，上言"为绳直"，此作"为墨"，取同类之义。疏云："为工亦皆取绳直之类。"然"绳直"下又言"工"，似赘。

为臭

《释文》："王肃作'为香臭'。"《正义》引同。

案：《广韵》云："臭，凡气之总名。"孔疏云："为臭，取其风所发也。"王以凡气皆为"臭"，故云"香臭"。

为寡发

《释文》云："寡，本又作宣。黑白杂为宣发。"《考工记·车人》注引作"宣发"。疏引郑注云："宣发，取四月靡草死，发在人体犹靡草在地。"宣、寡，义得两通。《集解》本同。虞云："为白，故宣发。马君以为寡发，非也。"

案:《车人》"半矩谓之宣",《释文》:"宣,本或作寡。"注云:"头发皓落曰宣。"是宣当为古说。《辍耕录》云:"人之年壮而发斑白者,俗曰算发,以为心多思虑所致。"《本草》云:"芜菁子压油涂头能变蒜发。"则亦可作蒜。算、蒜与宣皆声相近。

为广颡

《释文》云:"广,郑作黄。"

案:《书》"光被四表",汉《樊毅复民租田口算碑》作"广被"。绵竹《江堰碑》、《唐扶颂》并同。《公羊》襄廿年"陈侯之弟光",《左传》作"黄"。《风俗通》云:"黄,光也。"黄、广,声之转,又字形相涉也。(虞云:变至三,坤为广。荀、九家坤为黄。此与郑合。)

为矫輮

《释文》云:"矫,一本作挢,同。輮,宋衷、王廙作揉。宋云:使曲者直,直者曲为揉。京作柔,荀作桡。"

案:《说文》云:"矫,揉箭箝也。""挢,举手也。""輮,车辋也"。是挢、輮皆为通假字。(《平都相蒋君碑》"光光挢挢",亦为矫字。)马、郑、陆、王肃本作輮,陆、京《易》注曰:"輮,读为柔。"是与京同,当为古文。《说文》无揉字,桡与柔义通。

为弓轮

《释文》云："轮，姚作伦。"

案：《既夕记》注云："古文伦为轮。"是姚或从古文。《公食大夫礼》注："今文伦或作论。"《论语序解》疏云："论者，轮也。圆转无穷，故曰轮也。"则义亦相通。

为亟心

《释文》云："亟，荀作极，云：中也。"

案：《书·微子》传"亟行暴虐"，《释文》："亟本作极。"《庄子·盗跖》"亟去走归"，《释文》同。《淮南·主术》"不若此之亟"注云："亟，极。"《荀子·赋》"出入甚极"注云："极读为亟。"亟、极，声之转，荀义尤长。

为乾卦

《释文》："郑云：乾当为幹，阳在外，能干正也。董作幹。"

案：《少牢馈食礼》注云："古文幹为肝。"肝、幹音相近。郑注破字，皆取声近。《筮人》注《释文》云："幹又作乾。"是亦通。（《田敬仲世家》"弓胶昔幹"徐广注："幹，一作乾。"）惠氏曰："《列子》'木叶幹壳'，张湛云：幹，音乾。"是乾与幹同音，故或作幹。

为蠃

《释文》云："蠃，京作螺。（雅雨本作螺，误。）姚作蠡。"

案：《说文》云："蠃，螔蠃也。"《中庸·释文》云："蠃，本亦作螺，音同。"（《众经音义》（二）云："螺，古文蠃，同。"）蠡本为虫啮木中，又与螺通。《文子》曰："圣人法蠡蚌而闭户。"《类篇》云："蠡，蚌属。"《文选·东征赋》注云："蠡与蠃，古字通。"晁氏以三字皆不见篆文，缪矣。（卢氏曰："三字音皆同。"）

为蚌

《释文》云："蚌，本又作蜯，同。"

案：《说文》云："蚌，蜃属。"《释器》《释鱼》释文并云："蚌，本作蜯。"蜯，俗作字。

为科上槁

《释文》云："科，虞作折。槁，郑作櫜，干作熇。"《集解》引虞作折。宋衷说仍作科。

案：折与科，字形相似。槁，《说文》作槀。《周礼·小行人》注云："故书槁为櫜。"槁、熇并从高声，熇训火热，与"槁"义亦相近。

为果蓏

《释文》云:"京本作'果堕'之字。"

案:《史记·货殖传》云:"果隋蠃蛤。"(《正义》训"隋"为"摇",似非。)《汉·食货志》作"果蓏"。隋当即隋之省。《诗·氓》传释文云:"隋字又作堕。"隋、蓏音相近。京作堕,即《史记》之隋字。晁氏以堕为古文,亦非。

为阍寺

《释文》云:"寺,亦作閈字。"

案:《集韵》云:"寺人,奄官,或从门。"此尤俗字。

为指

晁氏《易》云:"郑作'为小指'。"

案:郑以上云"小石",故此亦作"小指"。《疏》云:"为阳卦之小者是也。"

为狗

《集解》本作"为拘"。虞云:"指屈诎制物,故为拘。拘,旧作狗。上已为狗字之误。"

案:拘与狗,字形相涉。虞云上已言为狗,故以震龙作駹,兑羊作羔,而乾与坤亦不单称马牛。虞说当或然也。

为黔喙之属

《释文》云:"黔,郑作黵。谓虎豹之属、贪冒之类。"《汉上易》引郑同。《音训》引《释文》:"喙作彖。"晁氏《易》云:"陆无喙字。"

案:《说文》云:"黔,黎也。"引《易》作"黔"。"黵,浅黄黑也。"《史记·六国表》卫悼公名黔,《吕览》注作黵,二字形声义皆相近。《疏》谓取其山居之兽也。《诗》"维其喙矣",《广韵·二十废》引作瘃,云:"本亦作喙。"《方言》瘃又作殢,则《音训》作彖,又为殢之别体。(《晁氏》以彖为奇文,当非。段氏曰"东莱所据《释文》作彖",盖喙之转写异体,或古假彖为喙之故与?)

为羊

《释文》云:"羊,虞作羔。"《集解》本同。虞云:"羔、女使,皆取位贱,故为羔。"晁氏《易》云:"郑作阳,云此阳谓养无家女,行赁炊爂,今时有之,贱于妾也。"《汉上易》同,《玩辞》引郑说云:"羊(据晁氏当作阳),女使。"

案:羔为女使,其义鲜闻。《汉武帝纪》"阳石公主",师古注云:"阳,字或作羊。"《古今人表》"乐阳",注云:"乐羊。"《释名》:"羊,阳也。"是羊与阳当为声误。《释诂》:"阳,予也。"注云:"今巴濮之人自呼阿阳,或即此义。"(钱氏曰:"臧在东谓羔乃养字之误,传写脱其下半耳。"然则此字当为厮养之养。其作羊、作阳，皆养字声近之误。）

物之穉也

《释文》云："穉，本或作稚。"

案：《说文》云："穉，幼禾也。"引申为凡幼之称。稚，俗字。

剥穷上反下

《淮南·缪称》引作"剥之不可以遂尽也"。

案：前汉时施、孟、梁邱诸家《易》具存，或与今本不同。

物不可以久居其所

晁氏《易》云："久居，郑作终久于。"

案：居、于，声之转。孙奕《示儿编》云："诸可训于（引《孟子》《左传》为证），于可训居（引《韵释》为证）。""诸"为"于"，"于"为"居"，亦见《玉篇》、《广韵》。

伤于外者必反其家

《集解》本、唐石经、《岳氏本》并作"反于家"。宋咸淳《易本义》、足利本、古本、宋本同。

案：于、其音转易淆。顾氏谓《石经》误作"于"，非。

物不可以终动止之

足利古本、足利本"止"上有"动必"二字。岳本同。

案：《集解》本《艮》卦首作"动必止之"（惠校本二字删），《序卦》无此二字。崔憬、唐石经、闽本同。今殿本有此二字，与古本合。

盛衰之始也

《音训》引《释文》云："郑、虞作衰盛。"（今本脱。）《集解》本、影宋本同。

案：虞云："损《泰》初益上，衰之始。损《否》上益初，盛之始。"则作"衰盛"为是。

谦轻而豫怠也

《众经音义》（十八）豫引作"预"。《释文》云："怠，京作治，虞作怡。"《集解》引虞云："豫荐乐祖考，故怡，怡或言怠也。"

案：《学记》"禁于未发之谓豫"，《说苑》"建本作曰预"，《左氏》庄廿二年传"岂犹豫焉"《释文》："豫本作预。"《说文》新附有预，此为俗通字。（唐人避讳，又多改预。）治与怡偏旁相涉，怡字心旁移下即怠字，当因此而异。惠氏曰："治与怡，皆与时、来协韵。怠字通有苔音。"

食也

晁氏《易》云："食，一作合。"

案：合与食亦形相似。《序卦》云："嗑者，合也。"义并通。

兑见而巽伏也

晁氏《易》云："郑作兑说。"

案：见与伏，义相反对。兑举卦德言说，与"震起"、"艮止"一例，亦通。

则饬也

《释文》云："饬，郑、王肃作饰。"《集解》本、唐石经并同。（虞亦作"饰"。）

案：二字亦音转形似。《月令》"饬丧纪"，《淮南·时则》作"饰"。（下"饬国典"亦作"饰"。）《乐记》"复乱以饬归"，《乐书》作"饰归"。《穀梁》廿四年传注《释文》云："修饬，一本作饰。"（《庄子·渔父》"饰礼乐"，《释文》："饰本作饬。"）《吕览·举难》注云："饰读为敕。敕，正也。"敕同饬，古字并通。（《匡谬正俗》云："饬者，谨也、敬也。"与修饰之字别，书写讹谬，两字混而为一。或止谓借饰为饬耳。顾氏谓石经误作饰，非。）

众也

《释文》云:"众,荀作终。"

案:众、终,声之转。古众字皆读"终"解。《象》众与中、功为韵。《左氏》隐元年传:"众父卒。"《释文》:"众,音终。"《释草》"贯众"音同。惠氏曰:"《士相见礼》注云:'今文众为终。'《五帝本纪》'怙终贼刑',徐广云:'终,一作众。'仙人韩终亦作韩众。"是众有"终"音,故或作"终"也。

小人道忧也

晁氏《易》云:"忧,郑作消。"(惠校《集解》本改同)

案:古尤侯部音转入萧宵肴豪部(江氏永以萧肴豪与尤幽通)。故此二部字古音并通,是"消"亦可与"柔"协。

词语索引

B

百官　163
班如　16
邦　91
蚌　181
包瓜　101
包荒　35
包蒙　20
包牺　156
包有　101
宝　155
暴　161
陂　36
卑　129
惫　79
悖　174
贲　53，55
敝　117

辩　7，11
跛　33
菲　120

C

财　34
才　170
参伍　146
苍筤　176
藏　123，135
草昧　14
策　144
察于　133，147
车　39
坼　92
掣　89
成象　135
惩　94
勑　51

尺蠖 164

褫 25

饬 186

憧憧 76

宠 26

畴 38

酬酢 145

臭 178

除 104

揣 95

畜 28

醇 167

次且 97

摧如 83

存身 165

洊 67

错 140

D

大 131, 150

带 25

怠 185

待 92

眈眈 63

盪 130

道济 134

德 31, 140

的颡 177

地势 9

典礼 138

佃 158

耋 72

定位 172

动 139

斗 120

渎 18

遯 65

掇 24

朵颐 62

E

二民 163

二人 140

二十 143

贰 69, 168

F

蕃庶　81
反复　2
反其　184
反生　177
反终　133
范围　134
飞龙　1
肥遯　79
腓　75
匪人　28
忿　94
丰　121
封　162
否　26
肤　56
勇　175
弗　54
孚　22
拂　63
茀　126
绂　107

服牛　160
辐　29
福　43，83
辅　76
复　2

G

干肺　52
刚柔　129，132
槁　181
诰　99
葛藟　109
工　178
肱　121
贡　148
狗　182
媾　16
构精　168
姤　98
罟　158
鼓　72
股　85
牿　61

寡发 178

挂 143

官 48,163

广颡 179

圭 95

簋 94

果蓏 182

H

熯 173

合 7

何 53

嗃嗃 88

鹤 126

亨 40,103

亨饪 112

后世 163

乎 22,173

弧 90

户 149

萑苇 176

荒 35

隍 37

扐 43

挥 7

辉 59

徽纆 70

海盗 142

彙 34

喙 183

婚媾 16

或承 78

J

击蒙 21

赍咨 105

跻 114

箕子 87

齑心 180

蒺藜 107

瘠 174

幾 17,31,147

幾事 141

际 122

祭祀 109

繋 70

颏　76

戋戋　55

謇　90，92

见斗　120

荐　49

疆　9

矫輮　179

阶　141

接　82

嗟　73

介　45

介福　83

诫　28

晋　81

经纶　14

久居　184

疚　32

居　184

聚　103

屦　52

掘地　162

浚　77

K

开物　147

坎　66

亢龙　1

科　181

可恶　138

可用　111

寇　24

刳　159

枯　65

筐　118

亏　42

阒　50

馈　87

颒　96

坤　8，9

L

筤　176

乐　132

扐　143

雷电　50

雷霆 130

囍 109

嬴 80, 110

离 74

藜 107

礼 137

丽 71

厉 1

利 22

利物 3

连 92

涟如 17

两地 171

列 115

吝 19

流 134

六位 172

龙 175

漏 110

鹿 17

陆 98

挛如 30

轮 180

纶 14

嬴 181

蓏 182

洛 151

屡 169

履 10

率 169

M

慢 142

脢 76

沫 121

门 168

彌纶 133

靡 126

妙 173

蔑 56

民 163

明 54

冥豫 47

命 99

摩 129

默 140

繆 70

拇 75

幕 111

N

纳 68

乃 9

能 6，131

柅 100

鮸鱿 109

凝 113

槈 159

P

磐桓 14

鞶带 25

沛 120

配 119

朋 57

彭 41

偏 96

翩翩 37

频 58

旛如 55

衰 43

Q

戚 73

期 144，165

其义 124

泣血 17

牵 97

谦 42

乾卦 180

黔喙 183

且 97

侵 44

禽 27

丘 125

驱 28

取 20

阒 122

劝 165

确乎 4

词语索引

R

仁 3，155

饪 112

日昃 71

荣 37

揉木 159

鞣 179

繻 127

枘 127

若厉 1

弱 64

S

三才 170

杀 149

沙 23

善俗 116

善之 3

尚 50

颡 179

蛇 164

射 110

伸 144

升 105

圣人 8，145

胜 154

盛衰 185

失 84

施命 99

蓍龟 150

识 60

食 118，186

鼫鼠 83

豕 174

世 65

势 9

弑 10

视 63

收 111

狩 86

数 162

树 162

庶 81

顺 11

顺德 106

说 29

寺 182

愬愬 33

涑 166

俗 116

随时 47

遂 115

所归 117

所乐 132

琐琐 123

T

他 27

忒 44

縢 77

梯 65

体仁 3

惕号 96

天际 122

天下 131

天险 66

天之 152

霆 130

童牛 61

童蒙 18

突如 72

隤然 154

退听 115

豚 125

沱若 73

柝 161

W

王公 67

罔孚 83

罔咎 158

妄 58

为狗 182

为指 182

围 134

维有 93

亹亹 149

位乎 22

位当 49

蔚 112

文 147

瓮 110

握 104

渥 113

无 6

无妄 58

无攸 87

勿 111

觋 109

X

息 112

翕 136

牺 156

锡 26

嘻嘻 88

洗心 148

咥 32

系 70

鲜 135

嫌 12

险 13，66，67

苋陆 98

祥 33

翔 122

巷 88

象之 151

像此 154

嚮 48，146

小 165，166

笑 124

效法 136

渫 111

形渥 113

修 169

盱豫 45

须如 54

需 22

徐徐 108

序 8，116，132

恤 36

昍 172

血 30

熏 115

旬 119

巽 21，125

Y

牙　62
哑哑　114
言　114
言乎　133
研幾　147
剡　159
撐　107
羊　183
冶容　142
衣　127
夷　85，86
宜待　92
疑　12
已事　95
以待　162
以杞　101
以之　84
倚数　171
亿　114
议之　139
义　124

易　80
剔　89，108
剔刐　108
殷　44
絪缊　167
夤　115
盈　13
墉　39
用　111
用圭　95
用见　105
忧　187
攸　87
由豫　46
牖　68
又以　152
宥　93
祐　59
于　147
渔　158
育　49
豫　185
圆　148

陨　102

曰仁　155

曰闲　61

欲　94

越　168

襘　104

刖　108

允升　106

孕　117

运行　130

缊　152

Z

灾　58

簪　46

赞　171

葬之　162

造　2

赜　137

昃　71，118

遭如　15

丈人　25

昭　82

晢　41

贞　78

振　78

征吉　35

拯　85

正邦　91

正中　48

枕　67

之　6

知小　165

祗　57，69

蹢躅　100

趾　52

治　163

寘　70

窒　24，94

稺　184

众　187

诸侯　171

朱绂　107

逐　61，64

逐逐　64

躅　100

彝　177
主　139
专　136
撰　170
资斧　123
咨　105

肺　52
自藏　123
樽　68
作　5，131
作易　141
酢　145